マイナビ新書

混乱のアメリカと日本の未来

中林美恵子

マイナビ新書

はじめに

２０２４年10月にモンタナ州のホワイトフィッシュという街に行った時のことである。マンスフィールド財団の招きで、日米関係を専門とする人たちと２泊３日のセミナーに参加しゲスト講師を務めるのが目的だった。

日本からはシアトル経由で行く。シアトルからカリスペルのグレイシャーパーク国際空港まで、アラスカ航空で約１時間半の行程である。座席はすべて２人掛け。行きに私の隣に座った人は、70歳前後の男性だった。カリスペルに程近いホワイトフィッシュに住んでいるという。ホワイトフィッシュは、モンタナ州のリゾート地として知られている。

ジオロジスト（地質学者）だと自己紹介した彼は、エネルギー関係の仕事で、シアトルで行われたカンファレンスの帰りだという。日帰りで疲れたと言っていた。もちろん初対面の人である。初めは、ハックルベリーという北米原産の植物のことなど、たわいもない話をした。

そのうちに大統領選挙の話になった。「トランプはヒトラーだと思う」と彼は言った。トランプ氏が大統領に当選すると、アメリカはかつてのドイツのような国になると言い切ったのである。彼の父親はアメリカの軍人として当時のヨーロッパに従軍し、ヨーロッパをヒトラーから解放したという。幼少時から繰り返しその話を聞き、自分は父親とその記憶を共にするようになった。彼の父親は、解放されたヨーロッパの女性と結婚してアメリカに戻った。

彼は、歴史を勉強して、なぜ民主主義体制の中でヒトラー政権が生まれたかを学んだ。トランプ氏の発言はまさにそれと符合する。自分はアメリカにヒトラーを誕生させるようなことはしたくない。世界を救うためにも自分は今回の大統領選挙で精いっぱい投票すると言っていた。彼は、トランプ政権が誕生することが民主主義の終わりにつながるという、とてつもない危機感を持っていた。

カリスペルからの帰りも、アラスカ航空でシアトルに戻った。私の隣に座っていたのは、荷物を足元にたくさん置いていた高齢の女性だった。見るからに気の良い、大好きなタイプの女性だった。ホワイトフィッシュに住む息子夫婦は共働きのため、幼稚園の送り迎えなど孫の面倒を見るためにカリスペルまで行った帰りだという。75歳だという彼女は、シアトル郊外に住んでいる。

私がワシントン州立大学に留学していたと話すと、彼女は、自分もワシントン州立大学卒業だと言って、話は大いに盛り上がった。そのうちに、今のアメリカは分断しているという話になり、彼女は言った。みんなで妥協して、アメリカは一つにならなければならない。アメリカという国を大事にして、みんなで仲良くやっていくことがいちばんだと思う、と。

その話を聞いていて、私は彼女が民主党支持ではないかと思った。ところが、それは間違いだった。彼女は続けて言った。「アメリカが平和になるためには、不法移民が来てはいけない。彼らは犯罪者だし、人殺しもする。大学でデモをする。メキシコ国境に壁を作ってアメリカを守ろうとしているトランプさんがいなければ、アメリカはもうダメになってしまう」

ハリス氏が大統領に当選したらアメリカはとんでもない国になってしまう。彼女はそれが心配でならないという。シアトル郊外の平和な田舎に住む彼女は、教会に通うプロテスタントで、福音派ではない。昔ながらのよい近所付き合いができることが、アメリカの本当の良さだという。アメリカの典型的な良心のような彼女は、トランプ氏と同じことを言ったのである。

シアトル・カリスペル間の往復で、行きは民主党支援者と隣合わせになり、帰りに私の隣に座ったのは共和党支援者だった。私はアメリカの分断を目の当たりにしたような気がした。

これをどう理解したらいいのだろうか。二人とも普通のアメリカ人である。同じアメリカ国民で、見ているものがまったく違う。彼女は、「バイデンなんて、アメリカのためになることもやっていないし、大統領としてどこにいるのかもわからない」とまで言う。首都ワシントンに住む共和党の私の友人たちの一部もまったく同じことを言っていた。

シアトル郊外在住者からもまったく同じ言葉が発せられる。考えられる一つの理由は、情報が完全に偏っていることである。そうであるとすれば、情報操作で支持を獲得した候補者が大統領選挙で勝つということになる。

他のさまざまな情報を取り入れることなく、仲間内の人が言っていること、あるいはリーダーが言っていることを鵜呑みにしてしまう。周りの人が言えば、それを信じるようになる。集団的なマインドコントロールが起きている。

もう一つ興味深い話を付け加えよう。

帰りに隣に座った彼女が言った。「わが家は保守派で共和党支持者だけれど、ホワイトフィッシュに住む息子夫婦だけはリベラルなの。だから家族で集まっても政治の話は絶対しない」。アメリカでは、意見の違う人とは政治の話は絶対にしてはいけない、と彼女は付け加えた。家族は仲良くしなければいけない。喧嘩してはいけないのである。

アメリカはとことん意見の対立を重ねて行きつくところまで行かなければ納得しない。それは、一見、「分断」に見える。アメリカは混乱してはいるが、分裂はしていないのかもしれない。

本書は、混乱するアメリカの現在に焦点を当てて、アメリカが「分断」しているのか否かを解説する。なぜ混乱しているのか、なぜそれが「分断」に見えるのか、そしてそれが日本や海外に与える影響について解説する。さらに、２０２４年大統領選挙の行方とその後のアメリカ社会の動向も見据えて解説する。

混乱のアメリカと日本の未来

目次

第2章　アメリカのリーダーシップが失われている　75

第4章　アメリカと中国の関係　151

第5章　アメリカと日本

序章

情報の分断が認知の分断を招いている

認知戦という民主主義国家を標的とする戦い

２０２４年９月８日に、アメリカで人気のインフルエンサーたちが、同年11月の米大統領選などに影響を及ぼそうとするロシアの工作に加担していた可能性が明らかになった。ＣＮＮによれば、アメリカ南部テネシー州に拠点を置く「テネット・メディア」社に、ロシア国営メディアの幹部らから、約１０００万ドル（約14・2億円）の資金が流れていたという。

おそらくロシア政府が背後にあり、著名な右派の論客をコメンテーターとして登場させているテネット・メディアのファン層を使って米国内の対立をあおることを目的に資金を流していたとされる。例えば、ウクライナ侵攻をめぐっては、ロシアの国益に沿った情報を広めるよう働きかけている。一人のコメンテーターは、「アメリカの最大の敵はウクライナだ」などと発言していたという。

大統領選挙中のアメリカは「認知戦」（Cognitive Warfare）の激戦地である。

認知戦とは、世論の誘導や敵対勢力の撹乱を狙う「情報戦」である。認知戦の戦場は、人の脳の中である。陸・海・空、宇宙、サイバーに次ぐ6番目の戦場が「認知領域」だといわれる。認知戦は、他国の人々の「精神状態」(Mental Status)をコントロールすることによって、「行動」(Behaviors)の変容をさせることを目的とする。

ロシアや中国は、ソーシャル・ネットワーキング・サービス(Social Networking Service/SNS)を巧みに使って、サイバー空間で刺激的な偽情報の発信を繰り返す。大量の偽情報を受け続けた人々の脳は、その偽情報を信じるようになる。極端な考え方を持つ人々の集団が形成される。怒りや不満、恐怖で社会は分断され、対立が激化し、弱体化の一途をたどることになる。

もう一つ重要なことがある。それは、言論と報道の自由がある環境の下で認知戦が有効になるということである。日本やアメリカのような民主主義国家において、認知戦は大きな脅威になる一方で、ロシアや中国、北朝鮮、イランなどの独裁国家では、認知戦の有効性は低い。

２０１６年のアメリカ大統領選挙の時と同様に、今回の大統領選挙も認知戦の激戦地になっている。

エコーチェンバー・エフェクト

ＳＮＳには誰でも簡単にアクセスでき、自分の好みに合った情報をいくらでも閲覧できる。ＳＮＳは、自分と同じような価値観や考え方を持つユーザーが集まる仮想空間上のコミュニティである。ユーザーは特定のコミュニティに頻繁にアクセスして、情報を得たり、交流したりする。

それは、自らの意見や考え方が正しいことを確認する作業であり、それを繰り返すことによって確信するに至る。そのようにして、コミュニティの中で特定の意見や思想が増幅される。「エコーチェンバー・エフェクト」と呼ばれる現象である。

ＳＮＳ上にはいくつものコミュニティが存在する。それぞれのコミュニティでエコーチェンバー・エフェクトが働く。コミュニティの中では、極端な思想や意見が「当たり前」のことになる。

インターネットは、新聞をはじめとするマスメディアを駆逐しつつある。マスメディアによって、私たちは、良くも悪くも、さまざまな情報を共有することができた。それが「世論」を形成していた。

しかし、SNSによって「世論」が変質している。情報が分断され、「エコーチェンバー・エフェクト」が、情報の分断を加速している。これは、アメリカだけの話ではない。情報の分断は世界中で起きている。ドイツやフランスでも、極端な思想が闊歩している。人々は、自分の知りたい情報だけを求めてインターネット上をサーフィンする。自分が聞きたい意見だけを求めるようになる。

「陰謀論」を信じている人は少なくない

人々が、自分の知りたい情報や聞きたい意見に接するようになると、会話や議論が成り立たなくなる。同じ情報を得ても、それに対する見方や認識がまったく異なるからである。「情報」の分断が「認識」の分断を招いている。

最近、私がアメリカで経験した一つの事例を紹介しよう。それは、ごく普通の人が、心の底から「陰謀論」を信じていることを知ったことである。アメリカで現在、底の見えない沼のように認識の分断が進んでいることに、私は大きな衝撃を受けた。

「陰謀論」とは、ある有名な出来事について、「邪悪で強力な集団（組織）による陰謀が関与している」と科学的な根拠なしに断定したり信じたりする考え方のことである。陰謀論者は、新型コロナウイルスワクチンや気候変動について、科学者や歴史家などの間で主流になっている見解に反対する。陰謀論者は、その信念を容易に捨て去ることはない。陰謀論者は以前から常に存在していたが、ほんの小さなグループであり、社会ではほとんど無視されてきた。しかし、ＳＮＳの進展は陰謀論の強固なコミュニティ形成を促すことになった。

ドナルド・トランプ氏の支持者で「陰謀論」を信じている人は多い。陰謀論者にもいくつかの「派閥」があるといわれているが、少なくともトランプ氏のもとでは結束しているらしい。トランプ政権誕生以降、陰謀論者の存在が顕著になり、SNSなどを通して呼びかけてワシントンに集まってきた人たちの一部が、2021年1月6日の連邦議会襲撃事件をも起こすに至った。

陰謀論者はエビデンスを重視する

2024年7月中旬にウィスコンシン州ミルウォーキーで、大統領選挙に向けての共和党大会が開催された。アメリカ全土から、4万人を超える熱狂的なトランプ支持の各地域代表者らが集まった。ホテルはどこも満室だったため、私は、ベッドアンドブレックファスト（B&B）に泊まった。アメリカ人夫婦が経営する小さな（といっても豪華な部屋がいくつもある）宿だった。

私が共和党大会に参加するために泊まっていることを知っている女主人は、私に親しく話しかけてきた。世間話を繰り返しているうちに、自分は「陰謀論者」(conspiracy theorist) だと唐突に言った。彼女は熱烈なトランプ支持者で、Qアノン (QAnon) を信じている。Qアノンとは、アメリカの極右が提唱している陰謀論に基づく政治運動である。

彼らはまた、証拠を重視する「エビデンス (証拠) 主義者」である。ある事象がある悪者によって引き起こされていることを示す証拠だとされる非科学的な写真などが、コミュニティの中で流通する。部外者から見れば明らかに加工されているように見える写真を、彼らは信じている。「論より証拠」なのである。もともと自分が持っていたと思い込んでいる考え方に一部でも共鳴するところがあるために、仲間からの証拠や情報を信じるようになるのかもしれない。

宿の女主人は、スマホの中の動画もいくつか見せてくれた。トランプ氏が歩いて壇上に上がろうとしている動画もあった。ミルウォーキーからワシントンまで「トランプラリー」に行って、1月6日に議会襲撃事件を見ていたという。彼女たちは、自分たちは正しいことをしていると信じ込んでいる。そこに底なし沼に入り込んだような恐ろしさを感じた。

ほかにも、ミッシェル・オバマ元大統領夫人は男性だと言って、容姿の変化を示す写真を見せられた。ヒラリー・クリントン元大統領候補は子供の生き血を飲むと言って関連する写真も見せた。さらには、トランプ氏は複数人いるとし、画像ごとに本物かどうかを言い当てる仕草をした。

情報を得るツールは、年代や人種、あるいは住んでいる地域によって異なる。また、自分が意見を持たないために陰謀論に加担する人もいるかもしれない。しかし、陰謀論を信じる人たちは、基本的には、自分がそれまで薄々感じていたことや考えていたことと一部でも重なるところを見つけて、仲間を得て安心し、うれしく思うのだろう。

意見の違いを認め合うアメリカ

思いもかけぬところで陰謀論者に出会い、陰謀論のコミュニティが広く形成されていることを改めて思い知った次第である。ただし、彼女は、「私がもし、パリや東京に行ったとしたら、こんな話は絶対しない」と言い、「でも、アメリカではいろいろな意見をぶつけてもいいし、私が自分なりの立場を主張することが、アメリカでは許される」とも言った。

アメリカでは市民レベルでの情報の分断と認識の分断は確実に進展している。しかし、それが許されるのもアメリカなのかもしれない。実は、知的な人でトランプ氏を支持する人も少なくない。私の友人もその一人で、ある奨学金を得て日本に1年間滞在し帰国したばかりだ。その彼が次のように言っていた。「自分がトランプ氏を応援していると言うと、意見の対立が起きて話が噛み合わなくなるけれど、意見が違うことを認め合うのはいいことなのではないか」と。

実は、宿の女主人の話には続きがある。

そのB&Bには、バージニア州選出の下院議員ともう1人下院議員が泊まっていた。私は直接彼らと話をする機会はなかったが、女主人は、1月6日のワシントンデモに参加したことなどを彼らにも話したという。下院議員たちの反応は好意的なもので、その後意気投合して、一緒にパーティーに行ったりしたようである。

彼女が下院議員に好かれたことを知って、私はいささか驚いた。懐疑的な話を喜んで聞く人が、議員の中にもいる。それはアメリカの多様性を物語っているようにも思う。長くアメリカで生活していたことのある私にとっても、新しい経験だった。

認識の世代間・地域間ギャップ

さて、アメリカは気候変動や中東紛争、LGBTQなどさまざまな問題を抱えている。世界の中の役割、つまりグローバルな世界でアメリカがどのような役割を演じるべきかという問題も抱えている。

このような問題に対してアメリカ人はさまざまな考え方を持っている。世代や住んでいる地域によって、意見の違いは恐ろしいほどに大きい。情報の分断によって認識のギャップが生まれている。Instagram などのＳＮＳの中で、仲間同士でニュースのやり取りを繰り返せば、そのコミュニティの中で同じニュースを共有することになる。それは、きわめて自然の成り行きである。

例えば、地球温暖化による気候変動問題についてである。基本的に民主党は地球温暖化対策に積極的に取り組むことに変わりはない。しかし、大統領候補に指名されたカマラ・ハリス副大統領は、石油の掘削に反対しないことを表明していた。石油、天然ガス、特にシェールガスの開発が進んでいるペンシルベニア州は19人の選挙人を擁する大事な州だからである。

ハリス候補の決断は、親トランプ派への対応策だったといえる。アメリカは広大な国土を持っている。都会に住んでいる人たちばかりではない。ペンシルベニアに限らず、これまでの生活が狂わされることに対して、疲れ果てている人がいる。「古き良きアメリカの価値」を誰が守ってくれるのだろうかと、大きなフラストレーションを感じている人たちが多数存在している。

ＬＧＢＴＱの権利主張や人種差別の歴史を含めて、学校教育の現場では教員たちがどんどんリベラルになっていく。このような現状に不満や不安を抱く親は多い。変貌する教育の趨勢を変えて、「アメリカの価値」を守らなくてはならない。このまま進んでいくと自分が住んでいる地域だけではなく、アメリカという国が大変なことになると本気で思っている人は多い。

もう一つ例を挙げよう。古き良き時代を知っている共和党支持者は、冷戦下で世界の秩序を守ってきたアメリカという国の存在が頭にこびりついている。したがって、国際的な問題に関しては同盟国とともに対処していくべきだと考える人が多い。しかし、冷戦後の世代にはそういう記憶がない。したがって、国際関係を取引（「ディール」）だと考えて、アメリカ第一主義を標榜するトランプ大統領に全く違和感を覚えない。

アメリカ大統領選挙のポイント

アメリカが分断しているかどうかを見るうえで興味深い調査研究がある。それは、2016年と2020年の大統領選挙で有権者は何を基準にして投票したかを調べたものである。

まず、アメリカの大統領選挙制度を簡単に紹介しよう。押さえておくべきポイントは三つある。一つは、大統領選挙では主に民主党候補者と共和党候補者の戦いになることである。二つ目は、有権者は、居住している州に有権者登録をすることによって投票権を行使できるということである。その際には支持政党（または無党派か）を明らかにすることが求められる。三つめは、総得票数が多い候補者ではなく、選挙人獲得数が多い候補者が大統領に当選するということである。

「選挙人」の数は10年に1度の国勢調査で明らかになった人口比で50州と首都ワシントン特別区に振り分けられる。例えば、人口が最も多いカリフォルニア州の「選挙人」は54人、人口が少ないモンタナ州など、わずか3人の州も複数ある。

選挙人総数は538人である。投票は州ごとにまとめられ、過半数の票を獲得した候補者が、「選挙人」を総取りする（例外はネブラスカ州とメーン州のみ）。その結果、全国の総獲得票数が上回っても、大統領選挙に勝利できないケースもある。例えば2016年の大統領選挙では、ヒラリー・クリントン候補の総得票数は6585万3514票（48・2％）、選挙人獲得数は232人、ドナルド・トランプ候補の得票数は6298万4828票（46・0％）、選挙人獲得数は306人。トランプ大統領が誕生した。

実は、アメリカの選挙を見るうえでもう一つ押さえておくべきポイントがある。それは、50の州は「共和党支持州（赤い州）」「民主党支持州（青い州）」「激戦州」の三つに大別できることである。「激戦州」（Swing State）とは、選挙のたびごとに共和党と民主党が入れ替わり得る州のことである。2024年の選挙では、アリゾナ、ジョージア、ミシガン、ネバダ、ノースカロライナ、ペンシルベニア、ウィスコンシンなどの約7州が激戦州とされた。

有権者はなぜ投票行動を変えるのか

さて、有権者の投票行動の研究調査に戻ろう。

リッチ・タウ氏が主宰する「スイング・ボーター・プロジェクト」というものがある。この調査では、激戦州を対象にして、２０１６年と２０２０年の大統領選挙で投票行動を変えた人、すなわち２０１６年には共和党のトランプ候補に投票し、２０２０年の選挙では民主党のジョー・バイデン候補に投票した人にインタビューして、その動機を調べ続けている。今後は、２０２４年のデータも加わっていくことだろう。

有権者がなぜ投票行動を変えたかは、データ（数字）だけでは読み取ることができない。アメリカの多くの州は、短期的にみると、支持政党がほぼ固定されている。したがって、大統領選挙は多くの場合、「激戦州」（約7州）の結果いかんによって勝敗が決まる。激戦州では投票行動を変える人が多い。彼らを、「スイング・ボーター」（投票行動を変える投票者）と呼ぶ。スイング・ボーターの傾向や理由、モチベーションなどを追うことによって、次の大統領選挙の結果を予想することができるかもしれないというのが、その研究の仮説になっている。

この調査で明らかになったことがあると、タウ氏が筆者と共に出席したワイオミング州ジャクソンホールでの会議（2024年8月下旬）で明言した。それは、スイング・ボーターは政治に興味を持ってニュースは見ているし、それなりに社会や世界の状況を知っていると答えるが、少し突っ込んだ質問をすると、ほとんど理解していないということだった。

例えば、2016年選挙でのクリントン候補とトランプ候補の経済政策の違いや、TPP（環太平洋パートナーシップ）について聞いても、知らないと答える。トランプ大統領当時の上院院内総務の名前を知らない人も多い。大統領が推し進めたにもかかわらず議会が支持しなかった重要法案などについては、ほとんど誰も知らない。つまり、本人は「知っているつもり」でいても、詳しいことはほとんど「知らない」ということである。

スイング・ボーターは、時の状況に応じて、あるいはイメージで投票行動を変える。大統領選挙では、政策もさることながら、イメージが投票結果を左右する重要な要因になっているということである。

国民が分極化し、議会も分極化している

いまアメリカでは、さまざまなニュースソースに万遍なく目を通している人は少ない。ワシントンには確かに「ニュースジャンキー」が一定数いる。ニュースが大好きで、朝から晩までさまざまなニュースソースを見比べることに没頭する人たちである。

しかし、アメリカの多くの普通の有権者はそれとは異なる。例えばFacebook、Instagram、TikTokなどを通して、友達が流してくれる情報を受け取る。そして、自分の興味に合致した情報を、そのリンク先に飛んで見るということが一般的になっている。

このような情報の受け取り方の変化は、政治家にも少なからぬ影響を与える。政治家という仕事は有権者の票が集まらなければ成り立たないからである。政治家が変わると、議会も変わる。連邦議会でも、極端な右派と左派が多くなり、法案の投票行動の分極化が顕著になっている。

連邦議会は一昔前とは様変わりしている。その原因は、アメリカ社会の分断に止まらない流動化にある。そして、分極化の幅はより開いてきている。

いずれにしても、アメリカ社会の分断とその流動化の根底には情報の分断がある。それが認識の分断につながり、アメリカ社会は混迷の度を深めている。混乱は分断の先にあるものであり、それはアメリカ社会に大きな地殻変動が起きる予兆なのかもしれない。

アメリカではさまざまな組み換えが起きつつ分断が進んでいる。人々が仕入れる情報がまったく異なると、偏った意見や考え方が自己増殖し、それが社会を分断させている。アメリカで分断が急速に進んでいる一つの原因は、移民国家であることに求められる。もともと出自の異なる人々が集まって、アメリカという国が出来上がった。出自が違えば、考え方も意見も異なる。もともと認識の違いがあるところにＳＮＳという技術が出現して、それが増幅されているということかもしれない。

多くの日本人にとっては他人事に映るかもしれない。日本はアメリカのようにはならないかもしれない。しかし、日本の若い人たちは、共通に話をするための前提となる情報を持っていないケースが増えており、社会が徐々に変化してきていることもまた事実である。

第1章

分断が入れ替わるアメリカ

アメリカの「分断」が話題になることが多いが、その根底にはアメリカが抱えるさまざまな問題がある。所得格差や資産格差による「経済」の対立、右派と左派の対立、北と南の対立、都市と地方の対立、宗教的な対立、世代間の対立などである。SNSによってその対立はより鮮明になり、激化して、「分断」を招いている。さらに、「分断」は固定されたものではなく、さまざまな形で入れ替わり、流動的になっている。

この章では、「経済」「宗教」「ウォーク」「移民・グローバル化」の四つに絞って、アメリカの入れ替わる分断を見ていくことにしよう。それは2024年の選挙にも見られており、トランプ氏の当選につながった可能性がある。

1　貧富の格差拡大が生み出す経済の分断

「給料から給料へ綱渡り」する人たち

「paycheck to paycheck」という言葉がある。「給料から給料へ綱渡り」という意味で、経済的に余裕のない状態を指す。

アメリカでは、2週間ごとに給料が支給されるケースが多い。私が以前勤めていたアメリカ連邦議会でも2週間ごとに給料が支給された。1カ月も待てない人を基準にした制度だ。2週間ごとに出る給料を使って、2週間分の生活をやりくりする。

逆に考えると、アメリカで普通の生活をしている人たちの暮らし方がわかる。2週間ごとに給料が出ないと生活できないということである。いわば「自転車操業」であり、そういう生活をしているアメリカ人はかなり多い。

インフレーションとは物価が上がることである。「paycheck to paycheck」で暮らす人たちの多くは、家賃あるいは住宅ローン、子供の教育費や家族の食費などぎりぎりの生活をしている。そういう人たちにとって、インフレは生活を直撃する。

例えば、ロシアのウクライナ侵攻を受けて、欧米各国はロシアからの石油や天然ガスの輸入を停めた。ロシアに経済制裁を科し、ウクライナに有利な状況を作り出すためである。しかし、それは日本や欧米諸国のガソリン価格を高騰させる結果となった。ロシアからの原油を停めた結果、世界全体の供給量が需要を下回ったからである。アメリカは車社会である。「paycheck to paycheck」にとって、ガソリン価格の上昇は大打撃になる。

インフレに苦しむ人たちが民主党支援者たちの中にも多くいる。２０１６年の選挙では田舎に住む労働者層の白人たちがトランプ氏に引き付けられて共和党になだれ込んできた。そういう人たちもインフレに苦しんでいる。労働組合に所属する人々でもインフレに苦しむ人たちが多い。

一方で、経済成長の恩恵を受けた所得の高い富裕層にとっては、インフレはさほど苦にはならない。物価が上がっても、モノを買う余裕があるからである。

所得格差の拡大と経済による分断

アメリカでは富裕層の上位1％が全資産の30％を占め、上位0・1％が約14％を占めている。また、富裕層の上位10％は、全資産の70％を所有している。アメリカの資産は富裕層によってほぼ独占されているということである。

さらに、この30年間で、富裕層だけがますます豊かになっている。連邦議会予算局（CBO：Congressional Budget Office）によれば、アメリカで上位10％の世帯の富は、1989年から2019年の30年で約60兆ドル（約8700兆円）増え、下位半分の世帯は同期間でわずか1兆ドル（約145兆円）増えたに過ぎなかった。（45ページ上の図）。

実は、所得格差の拡大はアメリカに限ったことではない。世界の国々で所得格差が拡大している。所得格差を表すために「ジニ係数」（Gini Coefficient）という指標が使われる。ジニ係数は所得の不平等を測る指標で、0から1の間の数値で表される。0に近いほど平等、1に近いほど不平等になる。

次ページの下の図は、1980年から2020年のG7などにおけるジニ係数の変化を示している。各国とも所得格差が拡大していることがわかるが、アメリカの不平等度は先進国の中でも際立っている。

資産の偏在と所得格差が相まって、アメリカでは富裕層と貧困層の間で分断が起きている。経済の分断である。経済の分断によって、人々の考え方や行動の分断が起きている。インフレでそれがより顕著になり、アメリカの政治を動かす力になっている。

キャピタルゲイン課税強化は是か非か

経済格差とインフレは大統領選挙での大きな争点になっている。例えば、民主党の大統領候補のハリス氏は、年収100万ドル（約1億4400万円）以上の投資家に対するキャピタルゲイン課税を強化すると発表した。キャピタルゲインとは、株式や土地などの資産を売却して得られた利益のことである。現行の最大

貧富の差

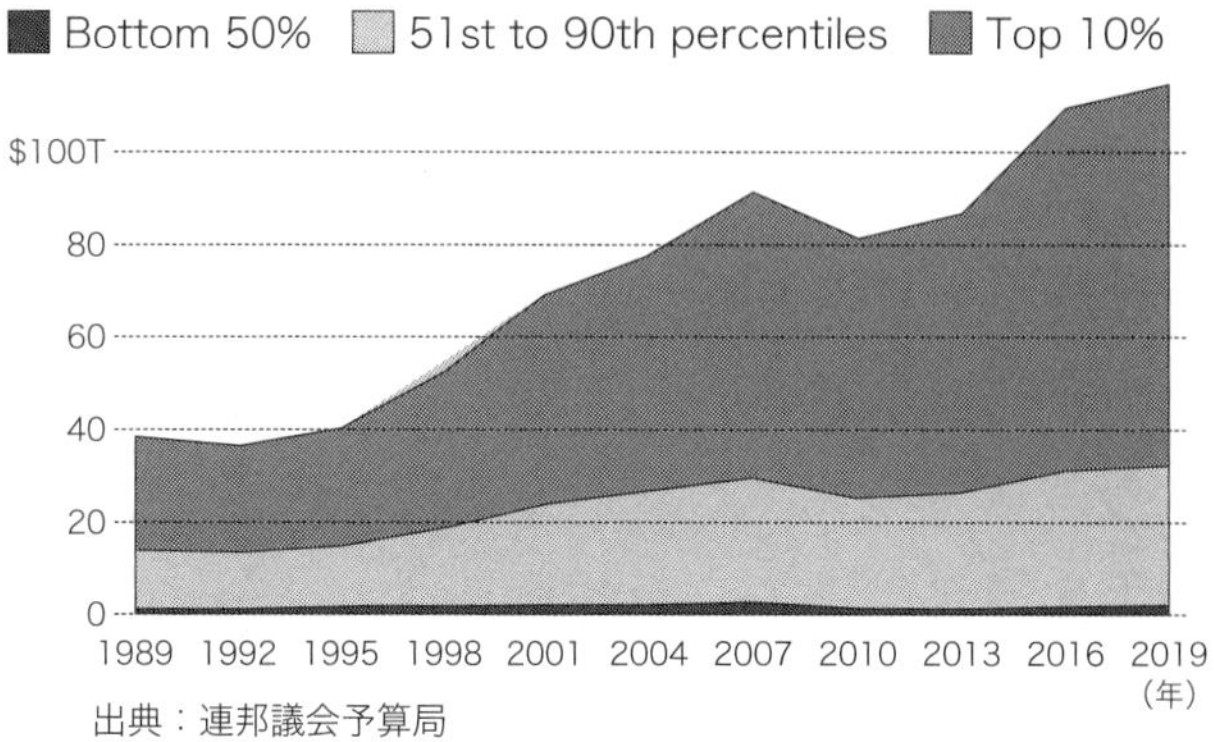

出典：連邦議会予算局

世界の国々での所得格差の拡大

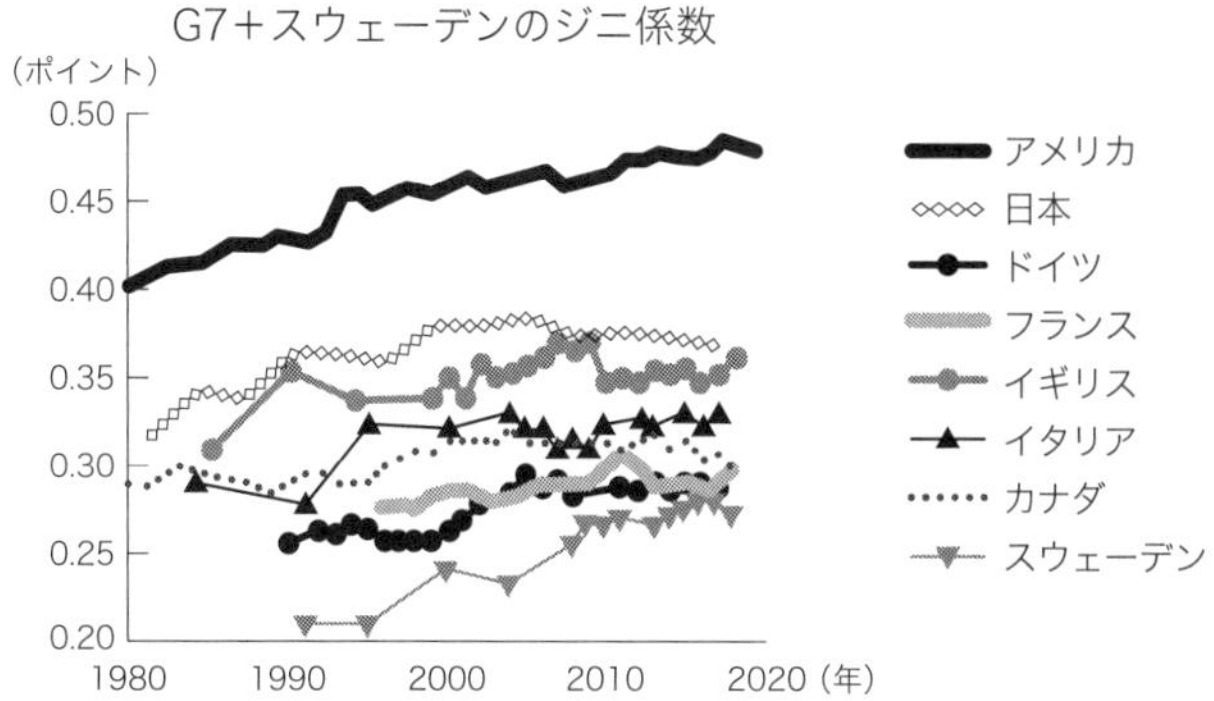

牧田健「国際比較で見た所得格差の状況―アメリカの特殊性と日本の課題―」
出典：日本総研 Viewpoint2021 年 3 月 5 日 No.2020-026

20％を28％にする。「億万長者や大企業は公正な税負担をしなければならない」というのがその理由である。

富裕層への増税は多くの国民に支持されて、大統領選挙の票に結び付く可能性はある。アメリカ国民の1％を億万長者とすれば300万人、0・1％であれば30万人で、相対的には数が少ないからである。

一方で、少数派とはいえ億万長者を無視するわけにはいかないし、リベラルすぎる政策には警戒が伴う。そのためか、バイデン大統領が目指した39・6％のキャピタルゲイン課税よりは穏健な内容で中道寄りをアピールしている。しかし、「経済」という観点から、この増税策に懐疑的な人もいる。彼らによれば、キャピタルゲイン課税の強化は経済を失墜させる可能性がある。増税前に駆け込み売却が増えて、株式や不動産などの資産価格の急落が起きる恐れがあるからである。

「トリプルブルー」「トリプルレッド」は実現するか

ここで再確認しておきたいことがある。それは、大統領の公約のすべてが、そのまま実行に移されるわけではないことである。ほとんどのケースで連邦議会での立法プロセスおよび予算編成が必要になる。つまり、大統領の公約を実行するためには、連邦議会の上下両院で民主党が多数派を占める必要がある。

アメリカでは、2年に1度の選挙が行われる。4年ごとの大統領選挙と、2年ごとの中間選挙である。2年ごとの選挙では、連邦議会上院の議員3分の1の改選と、下院議員全員の選挙が行われる。そして、連邦議会選挙のたびごとに多数派が入れ替わる。

例えば、トランプ大統領が勝利した2016年の選挙では、上下両院とも共和党が多数派を占めた。しかし、2年後に行われた中間選挙では、共和党は上院での多数派を維持したものの、下院では民主党が多数派を占めた。バイデン大統領が勝利した2020年の選挙では、上下両院とも民主党が多数派を占め、2022年の中間選挙では下院で共和党が多数派を占めた。

ちなみに、民主党のシンボルカラーはブルー、共和党はレッドである。例えば、民主党候補者が大統領になり、上下両院の選挙で民主党が多数派を占めることを「トリプルブルー」と呼ぶ。逆の場合には「トリプルレッド」と呼ぶ。政権交代時には、トリプルで色が統一される傾向が強い。1993年のクリントン政権、2001年のブッシュ政権、2009年のオバマ政権、2017年のトランプ政権など、政権発足時点においては、同じ政党が上下両院を掌握する傾向が続いた。ただし、トリプル状態は、最長でも最初の2年間であるケースが多く、上下院のどちらかでも政権党以外の政党が多数党になれば、「分割政府」（議会も政府の一部である）と呼ばれる状態に陥る。

2 宗教的な立ち位置の違いが生み出す分断

イスラエル・パレスチナ問題は民主党を分断するアジェンダ

アメリカ社会のさまざまな問題の根底には、宗教的な立ち位置の違いがある。喫緊の課題はイスラエルによるパレスチナ攻撃である。この問題に対して、民主党と共和党の立場の違いは明らかである。

まず、民主党にとっては、イスラエル・パレスチナ問題は党を分断するアジェンダにならざるを得ない。アメリカの大学で5月の卒業シーズンの直前の頃、コロンビア大学など多くの大学でデモが起きた。パレスチナを支援するアラブ系の学生が中心となりリベラルな学生が多く参加したといわれる。その要求は直接的には、大学の基金がイスラエル系の企業に投資することを停めさせることであった。同時にこうした若者やマイノリティグループは、イスラエルを支援するバイデン政権に対しても批判的である。

激戦州の一つであるミシガン州には多数のアラブ系の人たちが住んでいる。彼らは、イスラエルを支援するバイデン政権に大きな不満を持っている。前回の大統領選挙で、バイデン大統領はミシガン州で勝利したが、その差はわずか2・8

ポイントだった。今回のミシガン州での民主党予備選挙では、バイデン氏に対して白票を投じた人が10万人以上（民主党予備選・全票の約13・3％）いたといわれる。特にディアボーンなどアラブ系やムスリム系のコミュニティが投じたバイデン氏への批判票だった。２０２４年8月にイリノイ州シカゴで行われた民主党大会の会場の外では、イスラエル支援に抗議してアラブ・ムスリム系および進歩派・社会正義派の人たちがデモを起こした。

宗教による分断の根は深い。宗教上の立ち位置の分断は、イスラエル・パレスチナ問題が続く限り民主党を分断することになる。大統領選挙でも民主党にとってリスクが高い政策課題になっている。バイデン大統領は自らを「プロ・イスラエル」と明言しているが、パレスチナに共感する民主党員も多い。バイデン大統領は、できるだけ早期に戦闘が収まるよう努力は続けている。戦闘が終結すれば、民主党が割れずに済むからである。しかしイスラエルのネタニヤフ首相をコントロールさえできずバイデン政権への失望感につながっている。

民主党員の中にはパレスチナを支持する人たちが相当数いる。とりわけ人権派の人たちは、イスラエルのガザに対する無差別的な攻撃を批判している。ハリス氏もその点については憂慮し、停戦に向けて努力し、二国共存を追求していく必要があるという立場をとっていた。

イスラエル支持でまとまる共和党

一方、共和党は「イスラエル支持」でまとまる。ウィスコンシン州のミルウォーキーで行われた共和党大会で、イスラエル支持の演説が行われるたびに、参加者全員が立ち上がって拍手している光景を、私は目の当たりにした。

アメリカでは、有権者の4人に1人が福音派だといわれる。福音派は特に聖書に忠実なプロテスタントとされる。聖書には、キリストはイスラエルの地で蘇るとされている。宗教保守である福音派のほとんどを共和党が丸抱えしている。福音派にとって、イスラエルという国がなくなってしまっては困るのである。

イスラエルに対する福音派の人たちの考え方は、きわめてわかりやすい。イスラエルをこの地球上から葬り去ろうとしているのがイスラム教徒たちである。イランがその先頭に立っている。イランは、ハマスなどのテロリスト集団を支援して、イスラエルを消滅させようとしている。だからイランはアメリカの敵だ。共和党のコアの支援者たちの多くがそう考えている。パレスチナ問題で共和党の中が割れることはほとんどあり得ない。

今回の大統領選挙で、共和党政権の誕生を期待しているのがイスラエルのネタニヤフ首相である。ネタニヤフ首相にとって、戦闘の中止は、自らの存在理由の否定に直結する。したがって、戦争を簡単にやめるという決断はできない。4年前のトランプ政権の時に、アメリカは在イスラエル大使館をエルサレムに移した。多くのアラブ諸国にとって、エルサレムはかけがえのない地である。それを無視して、トランプ大統領はあえて大使館を移設させた。さらに、1967年の第三次中東戦争（または六日戦争）でイスラエルがシリアから占領したゴラン高原は、

1981年にイスラエルに併合されるも国際社会は認めていないが、トランプ大統領は2019年に公式にイスラエルの主権を認めた。その決定を称えたネタニヤフ首相は、この高原を「トランプ高原」と名付けた。

とにもかくにも、120パーセント「イスラエル支援」のトランプ政権が誕生するかもしれない。それならば、和平交渉をズルズル引き延ばして新しい局面を迎えたい、とネタニヤフ首相が考えても不思議ではない。

イスラエル・パレスチナ問題の深層にあるもの

イスラエル・パレスチナ問題は共和党と民主党の立ち位置の相違を如実に示すアジェンダである。ただし、一致している点もある。それは、イスラエルの自衛権に関しては、民主党と共和党のトップの考え方はまったく同じだということである。ハリス氏も、大統領候補者受諾演説の中で、「イスラエルは自衛をする権限」があり、「イスラエルは存続を保障されなければならない」と明言していた。

イスラエルにとって、イスラム組織ハマスが存在する以上、常に存続の危機に直面する。今回の戦闘の発端は、ハマスがイスラエルを攻撃したことにある。2023年10月7日にイスラエルへの大規模攻撃が行われ、約1200人の死者が出た。アメリカ人も含めた多数の人質を取り、そのうちの数人は殺害された状態で見つかった。ガザ地区を実効支配するハマスに対して、イスラエルはすぐに反撃を仕掛け、ガザ地区では民間人を含む4万人以上が死亡し10万人近くが負傷した。

ハマスが存在する以上、中東地域に平和が訪れることはない。そう考えて、共和党支持者はイスラエルによる今のパレスチナ攻撃を当然視する。また、ハマスやヒズボラなどのテロ組織の後ろにイランがいると考えている。イランに対する根深い不信感は、トランプ政権がイランとの核合意を反故にしたことにも如実に表れている。

民主党のオバマ政権は、イランと核合意を行い、同時に対イラン経済制裁を徐々に緩めていくことで、イランとの共存を目指した。しかし、トランプ政権はそれをすべて反故にした。イランは信用できない。宗教右派が牛耳る親イスラエルのトランプ政権はそう考えたのである。

中東の中のイスラエルという存在

実は、今回のハマスによるイスラエル攻撃については、もう一つ考えておくべき背景がある。それは、サウジアラビアをはじめとするアラブ諸国が「2020年アブラハム合意」に基づいてイスラエルとの関係修復に動いていた時期だったということである。

そのアブラハム合意はトランプ政権の重要な成果である。徹底したイスラエル支持を行ったことによって、アラブ諸国はその現実を直視するようになった。そして、イスラエルとの共存の道を模索し始めた。その背景には経済がある。イスラエルとの経済交流を深めることによって自国の経済を発展させようという意識が、アラブ諸国の指導者の中で広がりつつあった。

アラブ首長国連邦（UAE）、バーレーン、モロッコがイスラエルと外交関係を確立し、スーダンも同様の手続きに着手し、ついにサウジアラビアまでその交渉に入る直前で、テロ行為は起こった。イスラエルの存在がアラブ諸国に認められ始めてきたことに対して、ハマスは大きな危機感を覚えた可能性がある。その背後にイランの存在があったという指摘さえ存在する。

今回の戦争が終結しないうちは、中東諸国はイスラエルとの関係修復には応じられないだろう。しかしハマスによる攻撃直前までの様子を見れば、イスラエルとの国交正常化を図りたいというのが、アラブ諸国の本音であるように思われる。

プロライフvsプロチョイス

宗教的な立ち位置の違いは「人工妊娠中絶」問題にも影を落としている。人工妊娠中絶は「生命」をどの時点から認定するかという問題につながる。少子化に直面している日本では、不妊治療に補助金を出しているが、アメリカでは人工中絶が政治問題化している。今回の大統領選挙では、民主党のウォルツ副大統領候補が、自分は不妊治療が成功して2人の子供に恵まれたと、あえて明言している。この発言から、アメリカ社会の分断のねじれを垣間見ることができる。

実は、アメリカでは人工妊娠中絶について二つの考え方が対立している。「生命」を大事にする立場を「プロライフ」と呼び、女性本人の選択の「自由」を大事にする立場を「プロチョイス」と呼ぶ。共和党支持者は「プロライフ」が多く、民主党支持者は「プロチョイス」が圧倒的に多い。

人工妊娠中絶は女性の権利拡大のための大きな争点の一つだった。1973年に連邦最高裁判所で、「ロー対ウェイド」判決が出され、女性の中絶権が条件付きで認められるようになった。しかし、2022年6月には、連邦最高裁判所でこの判決が覆された。憲法上での中絶の権利は、各州が決定するか連邦議会が立法するべきだとしたのである。その背景には、トランプ政権下で最高裁判所の構成が変化し、保守派の判事が6対3で多数を占めるようになったことがある。

アメリカ合衆国の中絶法規制

分類	州名	規制内容
全面禁止	アラバマ州、アーカンソー州、アイダホ州、ケンタッキー州、ルイジアナ州、ミシシッピ州、ミズーリ州、ノースダコタ州、オクラホマ州、サウスダコタ州、テネシー州、テキサス州、ウェストバージニア州、ウィスコンシン州	中絶は完全に禁止されており、例外は母体の生命が危険な場合やレイプ、近親相姦の場合のみ（州により異なる）。
厳しい制限（6週または15週以降禁止）	フロリダ州（15週）、ジョージア州（6週）、インディアナ州（6週）、アイオワ州（6週）、オハイオ州（6週）、サウスカロライナ州（6週）	特定の週数（主に6週または15週）以降の中絶は禁止。例外は母体の健康やレイプ、近親相姦のケースに限られることが多い。
中程度の制限（12～24週以降禁止）	ネブラスカ州（12週）、ノースカロライナ州（12週）、ペンシルベニア州（24週）	12～24週以降の中絶は、母体の健康が危険な場合に限られるか、特定の条件下で許可。
軽度の制限（24週以降禁止または一部例外）	マサチューセッツ州（24週）、ネバダ州（24週）、ニューハンプシャー州（24週）、ニューヨーク州（24週）、コロラド州（例外あり）	中絶は合法であるが、24週以降は母体の健康が危険な場合や胎児の致命的異常がある場合に限られる。
制限なし	アラスカ州、カリフォルニア州、コロラド州、コネチカット州、デラウェア州、ハワイ州、イリノイ州、カンザス州、メイン州、メリーランド州、ミシガン州、ミネソタ州、ニュージャージー州、ニューメキシコ州、オレゴン州、ロードアイランド州、バーモント州、バージニア州	中絶は合法で、特段の制限が設けられていない。

アメリカでは憲法に明記されていないことについては、各州で自由に判断できることになっている。したがって、この判決によって、各州はそれぞれ独自に州法で中絶を禁止できるようになり、半数以上の州で中絶の規制強化や禁止が行われるようになった。南部のアラバマ州もその一つだった。

受精卵を「生命」とみなす判決が出た

2024年2月に、そのアラバマ州の最高裁判所が、「体外受精後に凍結された受精卵を胎児とみなす」という判決を下した。一般的には、妊娠8週目以降を胎児とは呼ぶ。しかし、受精卵を「生命」とみなすことになると、受精卵の破棄に法的責任が生じることになる。そうなれば、医療関係者が体外受精に従事することが困難になる。実際に、保守的な州では体外受精がほとんどできなくなってしまった。

キリスト教福音派の「プロライフ」にとっては好ましい事態である。しかし、「子供がほしい」という思いで行われる体外受精ができなくなることに不安を感じている共和党支持者も少なくない。したがって、トランプ氏をはじめとする共和党の指導者たちは、アラバマ州の最高裁判決から距離を置き、体外受精を擁護する姿勢を示している。体外受精が難しいということになれば、大統領選挙や連邦議会選挙で勝てなくなるかもしれないからである。

　実際、２０２４年３月に行われたアラバマ州議会議員補欠選挙では、自らの中絶の経験を語り、体外受精の問題を前面に出した民主党候補が共和党候補を大差で破った。敗北した共和党候補は中絶と体外受精の問題には触れることはなかった。そこで、民主党のウォルツ副大統領候補は、自分には不妊治療が成功して２人の子供がいることをあえて明言したのである。

　民主党は、人工妊娠中絶問題を大統領選挙の争点にしようとした。当たり前のことだが、人工妊娠中絶や体外受精について不安を持つ女性は共和党支持者の中にもいる。その女性票を民主党が獲得することができれば、しめたものだからである。男性も女性も不妊治療を受けている人は多い。パレスチナ問題が争点化すれば民主党が割れるのに対して、人工妊娠中絶や不妊治療の問題では共和党が割れるというように「分断」の流動化が起きている。

3　ウォークをめぐる分断と逆転

LGBTQをめぐるウォークと保守

「ウォーク」という表現をアメリカの一部の人たちはよく使う。人種や民族、宗教、ジェンダー、格差拡大、貧困、自然破壊などの社会の不公正や不正義を告発する運動のキーワードである。日本語に言い換えると、「目覚めた人たち」あるいは「意識高い系」ということになる。1980年代頃から話題になっている「ポリティカル・コレクトネス」(政治的正しさ)と発想は同じである。一般的にリベラル派がウォークを肯定的に捉えるのに対して、保守派は反対の姿勢をとる。

例えば、LGBTQの問題である。LGBTQとは性的マイノリティ(性的少数者）を表す総称で、レズビアン（Lesbian）、ゲイ（Gay）、バイセクシュアル（Bisexual）、トランスジェンダー（Transgender）、クイア・クエスチョニング（Queer、Questioning）の頭文字をとった言葉である。ＬＧＢＴＱについては、民主党は好意的な姿勢をとり、共和党はどちらかといえば否定的である。トランプ氏は、パリオリンピックで、女性の格好をした「人」が女性のグループで1位になるのは許せないというような言い方で、ＬＧＢＴＱを批判している。

ジェンダーをめぐっては、アメリカ国内が分断している。毎年6月にはＬＧＢＴＱの権利を主張する人々がニューヨークに集まって恒例のパレードが行われ、２００万人以上が行進する。銀行や航空大手などの大企業はスポンサーとしてこれを支援している。

ところが２０２３年には、その反動とも思われる出来事が起きた。アメリカでもっとも有名なビールブランド「バドライト」や大手小売チェーンの「ターゲット」が、消費者による不買運動にさらされたのである。

バドライトの原因は、宣伝のために一人のトランスジェンダー女性とコラボしたことだった。その人は、TikTokやインスタグラムで1000万人以上のフォロワーを持つ著名なインフルエンサーの一人だった。バドワイザーは、彼女が性転換を経て女性になった1周年を記念して、特別仕様の缶ビールをつくってプレゼントし、彼女はその缶ビールを持った自撮り映像をインスタグラムに上げた。その直後に大炎上が起き、不買運動が広がったのである。

ESG投資に対する反発

ウォークとその反動についてもう一つ興味深い事例を紹介しよう。それは環境問題についてである。

ウォークは地球環境問題を重視する。環境問題について、日本では国連が提唱するSDGsへの関心が高い。SDGsとは、Sustainable Development Goalsの頭文字をとった略語で、「持続可能な開発目標」と訳されている。2030年までに持続可能な世界を目指す国際目標で、17のゴールと169のターゲットから構成されていることは、日本の小中学校でも教えられている。

実は、アメリカでは、国連のSDGsについてはさほど興味がないように見える。ウォークはむしろESGのほうを話題にすることが多い。ESGとは、環境(Environment)、社会(Social)、ガバナンス(Governance)の英語の頭文字を合わせた言葉である。企業が長期的に成長するためにはESGの観点が必要であり、投資家は企業のESGを判断基準にするという考え方である。日本でも企業経営におけるESGに注目が集まっている。CO2(二酸化炭素)排出を抑制する経営ランキングを付けて評価したり、社外取締役の設置を評価したり、女性を経営陣に入れたりするなどのさまざまなESGプレッシャーが経営にかかっている。

しかし、保守派の人たちから見るとESGは必ずしも好ましいとは言えない。反ESGといってもいい動きが出ている。ESGに偏りすぎることに対する反発が起きているのである。アメリカでは州ごとに年金基金などを持っている。集められた多額の資金は企業などに融資する。ＥＳＧはその際の判断基準の一つになるが、必ずしも利益を生み出すことにはつながらない。したがって、ＥＳＧによる自由市場や産業への不当な干渉はやめようという州が現れている。例えば、州知事が共和党のフロリダ州やテキサス州、ウェストバージニア州、ルイジアナ州、ミズーリ州などである。

ウォルト・ディズニー社vsフロリダ州知事

２０２３年４月、ウォルト・ディズニー社はフロリダ州知事を相手に訴訟を起こした。ロン・デサンティス知事が「ディズニーワールド」の運営に介入することができるようにした措置などの差し止めを求めたのである。

ことの発端は、２０２２年1月にフロリダ州が、「Don't Say Gay（ゲイと言ってはいけない）法」を成立させたことにある。子供たちが学校で、ＬＧＢＴＱなどに関する議論を行うことを禁止する法率で、これに違反した場合に、親は学校や教師を訴えることができるというものである。

ディズニー社がこれを批判したため、デサンティス知事は、ディズニーへの税の優遇などを認めていた制度を廃止し、ディズニーワールドの運営に知事が介入できる法律を成立させた。ディズニー社はこうした措置は州政府の権力を不当に利用した報復であり、言論の自由の侵害にあたるとして差し止めを求めたのである。２０２４年6月に和解が成立したものの大きな対立であった。

「教育」は、民主党と共和党の間で割れる問題である。「ウォーク」の人たちは、ポリティカル・コレクトネスに基づいた教育に執着している。例えば、アメリカ人の間には人種差別があるという事実を学んで正していくべきだと考えている。しかし、保守派の人たちは、アメリカ人が人種差別主義者だというような教育を続け、歴史を遡ってまでポリティカル・コレクトネスを追求し続けるなら、かえってアメリカ人の分断と憎しみを増幅させるのではないかと危惧している。

ウォークが教育の荒廃を招いた

今のアメリカの公教育があまりにもリベラル化してしまい、教師たちが権利を主張するだけで働かないことを指摘する共和党支持者は多い。私の元同僚のチーフエコノミストで、現在は子供たちの教育のために一時的に離職している女性もその一人である。

バージニア州に住む彼女には、女の子が2人いる。上の子は私学に入学させ、下の子は公立学校に入学させた。公立学校に入学させてみて驚いた。学級崩壊が起きていたからである。教員が大して働かない。そしてリベラルすぎる。アメリカ人は人種差別者であると教え、ＬＧＢＴＱの考え方優先でトイレは自分が認識する性のほうを使ってよいなどと教える。親としてはどうしようもない状況になっていた、と彼女は言った。

実は、バージニア州の２０２２年の知事選挙では、共和党のグレン・ヤンキン知事が、現職の民主党知事を破って当選した。彼が中心にすえたアジェンダは教育だった。ちなみに、ヤンキン知事は環境問題でも政策転換を図っている。民主党の前知事時代に制定した厳しい排ガス規制「アドバンスド・クリーンカーズII（ACCII）」からの離脱を発表したのである。

ウォークへの反動が起きたわけである。行き過ぎたリベラリズムを解消していくためには、トランプ氏のような人が望ましいと彼女は言う。政治家は、民意に妥協して日和っていく。折衷案を求めて、中途半端に流される。だから、人格的な問題はあるかもしれないが、今のアメリカにはトランプ氏のような人が必要だというのである。

トランプ氏はあまりにも変わり者であり、極端なことを言う。しかし、正しいことも言っている。トランプ氏なしにはアメリカを矯正するチャンスはない。左に寄りすぎたアメリカを、ある程度真ん中に持っていくだけのエネルギーを持っているのはトランプ氏を置いてない。それが彼女の考え方であり、多くの共和党支持者の考え方になっている。

教育省を廃止すると分断が加速する?

2024年の大統領選挙では、共和党が「教育省廃止」論を唱えている。連邦政府による教育への介入を最小限にし、州や地方自治体そして親に教育の権限を戻すべきだというのがその論拠である。

ウォークによる行き過ぎたポリティカル・コレクトネス教育への反動といえよう。一方で、教育省がなくなるということは、アメリカが全国レベルでの教育のスタンダードを失うことになる。州に任せるということは、人工妊娠中絶問題と同じ結果を生むことを意味する。つまり、リベラルな州はリベラルな教育を始め、保守的な州は保守的な教育を始めるだろう。宗教観の違いを明確にする州もあるだろうし、授業が始まる前に神に祈りを捧げる州も出てくるかもしれない。第一次世界大戦前の教育の仕方に戻す州が出てくる可能性もある。

アメリカ合衆国憲法では、「この憲法が合衆国に委任していない権限または州に対して禁止していない権限は、各々の州または国民に留保される」(修正第10

条）と規定されている。アメリカの地には州（邦）が先に存在していて、州の権利を優先するということでアメリカ合衆国が成立した経緯がある。したがって、そういう状態に戻そうというのが本来の保守（共和党）の立場ということになる。

ただし、州が教育の面で独立国のようになると、州ごとの違いがより明白になる。リベラルな教育を受けさせたいと考える人たちはリベラルな教育を行う州に転居し、保守的な教育をよしとする人たちは保守的な教育を行う州に転居するだろう。すでに死刑制度や消費税率、法人税などは州によって異なっている。ましてや、人工妊娠中絶や不妊治療の制度が州によって異なるようになってきている。人の移動が偏ってしまうことにより、徐々に保守とリベラルの棲み分けが明確になり、分断が加速する可能性は否定できない。

アメリカ合衆国がＥＵ（欧州連合）のようになり、各州がヨーロッパの国々のようになるというような不思議な現象がアメリカ国内で起きるかもしれない。１９７９年までは保健教育福祉省の一部だった教育省が、連邦法で独立した歴史はまだ浅い。しかし連邦法を改正するには、多くの議員の賛成を必要とする。それでも、教育省の廃止の議論は、アメリカの未来に不吉な予感をもたらす。それ自体、さまざまな事柄がリベラルなものに統一されていくことに危機感を覚える人がいるということを示している。

4　不法移民が生み出す分断

増え続ける不法移民

「不法移民」は、公的な統計や文書に記載されることはない。それは彼らが、不法にアメリカに入国しているからである。彼らがどのような職業についているのか、どのくらいの数なのか、どのような仕事をしているのかについて、正確な公式データは存在しない。不法移民は民主党にとって苦しい問題になっている。バイデン政権下では、不法移民問題を担当したのがハリス副大統領だった。しかし、ハリス氏はコントロールするどころか、不法移民を大幅に増加させてしまった。ある共和党関係者は、不法移民がインフレを起こしていると指摘する。物が不足するようになるほど多くの不法移民がアメリカ国内になだれ込んでいるだけでなく、不当に安い賃金で働くので他の労働者の賃金上昇を妨害し労働者のインフレの痛みを増幅させているというのだ。

また、最近の不法移民は、中南米の人に加えロシアや中国から来る人のほうが多いとさえ言われている。彼らは、グアテマラやエルサルバドル、コスタリカなどに渡ったのちに、メキシコなどから不法にアメリカに侵入する。この問題でエクアドルは、2024年にビザ免除入国を中止するに至ったほどだ。

不法移民を合法移民に変えて市民権や永住権を与えたほうがいいと考える左派の民主党支持者も多数いる。そうすれば「不法」な移民はなくなるからである。しかしそんなことになれば、希望をもった不法移民がますます大量に押しかけるようになり、アメリカの秩序は崩壊するだろうと、保守の人たちは心配する。トランプ氏は手ひどく彼らを糾弾している。不法移民は麻薬を持ち込む犯罪者であり、自国での収監から逃げ延びてアメリカにたどりつく犯罪者だ、と。

民主党支援者にも不法移民の現状に不満を持つ人は多い

実は、民主党支援者の中にも、不法移民の現状に不満を持つ人は多い。

メキシコと国境を接するテキサス州や中南米に近いフロリダ州では、不法移民をニューヨークやボストンに航空機やバスを使って移送した。そこで、例えば、ニューヨーク市では不法移民に住居を与えるために、ホテルの部屋を借り上げたり、市が所有する土地に仮設住宅を建てたりしている。その費用は連邦政府の支援を仰ぎつつニューヨーク市が負担する。2024年の費用はすでに2・4億ドル以上に達した。その一方で、ニューヨークにはアメリカ国籍のホームレスが数多くいる。

ニューヨークはリベラルな市であり、リベラルな人たちが数多く住んでいる。そういう人たちの目の前に不法移民という現実が現れて、不法移民の問題に対する実感が伝わり始めている。その結果、アメリカ全土で、移民問題を課題視する有権者が増加していた。アメリカの調査会社ギャラップの世論調査によれば、アメリカが直面している最も重要な課題のトップが「移民問題」であり、2024年1月の20%から、2〜3月は28%、4月は27%と増加している。

そこで、バイデン政権もようやく不法移民対策に乗り出した。2024年6月には、不法に南部の国境を越える難民が一定数以上に達した場合に、亡命申請を禁止する大統領令を発表したのである。同年9月にアリゾナ州を訪問したハリス氏も、強制送還を含めてバイデン氏以上に厳しい手段を取ると確約した。しかし、選挙目的のパフォーマンスで信頼できないという批判も根強くあり、長期にわたり一貫した主張を続けたトランプ氏のほうが、国民の信頼を得たようである。

こうした民主党の鈍感な対応が、トランプ氏の当選につながった可能性は否定できない。

第2章

アメリカのリーダーシップが失われている

2017年に誕生した共和党のトランプ政権は4年間で終わり、2021年には民主党のバイデン政権が誕生した。バイデン政権の4年間は混迷するアメリカを象徴するような出来事が相次いだ。百万人以上の死者を出した新型コロナウイルス禍、ロシアによるウクライナ侵攻、イスラエルによるパレスチナ侵攻などである。

この章では、4年間のバイデン政権の最中に起きた大きな出来事を中心に、分断による混乱に直面するアメリカの国内事情について解説する。

1　期待から失望へ

左に寄りすぎたバイデン政権

トランプ大統領の出現によってアメリカの分断による混乱はさらに深まった。「アメリカ・ファースト（アメリカ第一主義）」を掲げるトランプ大統領の政策に対する民主党支援者や中道的な人たちの反発は大きかったからである。新型コロナ禍の最中に誕生したバイデン大統領に対して、多くのアメリカ国民は「アメリカを癒してくれる人」として大いに期待したのである。

バイデン大統領への期待とは、言い換えれば、分断されたアメリカを融和に向かわせることだった。しかし、バイデン政権が実際に行った政策は、きわめて左派寄りの政策だった。

例えば、2022年8月には「インフレ抑制法（歳出・歳入法）」が成立した。通称IRA（Inflation Reduction Act）法は、その名の通り、過度なインフレ（物価の上昇）を抑制することを目的とした法律である。しかし実は、エネルギー安全保障や気候変動対策を迅速に進めることを狙っていたため、その中身は脱炭素のための戦略と多額の予算が組み込まれた。

財政規律を重んじる共和党も、トランプ政権下では、新型コロナ対策のために多額の補助金支出を余儀なくされた。バイデン政権になってからもこの補助金政策に輪がかけられたうえに、「インフレ抑制法」という名のもとで財政拡大が行われ、この矛盾した民主党的政策がインフレに火をつけたのである。共和党がバイデン政権を非難する時によく使う論法ではあるが、「バイデン氏は左に寄りすぎインフレを起こさせた」といえるだろう。

不法移民問題についても同様だ。ハリス副大統領は左派に引っ張られて、不法移民に対する甘い見方に染まっていた。不法移民であっても、アメリカに入国した以上、アメリカ滞在を認めるビザを出すとか、いずれは永住権や市民権も与えるべきだというリベラルすぎる意見に同調していたように見えた時期さえある。大統領候補になって以降は、ハリス氏も軌道修正をして、中道に向かっていった。本来であれば、選挙戦が始まる前に、ハリス副大統領が国境管理対策をきちんと行うべきだった。そうすれば、不法移民が増え続けることはなかったはずだと感じている中道派は意外に多い。

バイデン大統領が国を癒してくれるだろうとの期待が大きかっただけに、失望も大きかった。

「左に寄りすぎた」議員たち

民主党はなぜ左に寄りすぎてしまったのか。それはトランプ政権に大反発をした民主党内の人たちを見ればよくわかる。

その一人が、アレクサンドリア・オカシオ＝コルテス下院議員である。オカシオ＝コルテス氏は、２０１８年のニューヨーク州予備選挙で、現職の下院議員を破って民主党下院議員候補となり、同年の米中間選挙では共和党候補を破って、史上最年少の女性下院議員となってメディアの注目を浴びた。自らを「民主社会主義者」と呼ぶバーニー・サンダース上院議員を師と仰ぎ、政治団体「アメリカ民主社会主義者」のメンバーでもある。オカシオ＝コルテス氏は、かつて、国境警備隊は不要だと言っていた。また、黒人を逮捕する時に首を絞めることを容認するような警察には予算を出すべきではないというような極論の持ち主でもある。

別の例も挙げよう。2018年の中間選挙では、ムスリム（イスラム教徒）の女性下院議員が2人誕生している。いずれも民主党の議員であり、連邦議会では初めての出来事だった。1人は、ミシガン州で勝利したラシダ・タリーブ氏で、パレスチナ系米国人として初の連邦議会議員となった。もう1人は、ミネソタ州選出のイルハン・オマル下院議員で、ソマリア系米国人である。分断が加速したトランプ政権の時の中間選挙で、多様性を代表する候補者たちが当選したのである。

イスラム組織ハマスによる攻撃があった2023年10月7日以降、タリーブ議員は、パレスチナを支持してイスラエルを批判する言動を続けた。ガザ地区での戦闘が激化するなかで、アメリカ国内では賛否両論が巻き起こり、反ユダヤ主義や言論の自由をめぐって米議会は大きく紛糾した。同年11月に、タリーブ議員は、イスラエル国家の破壊を求めるかのような不適切な言動があったとして下院で問責決議にかけられた。

決議は234対188で可決した。問責決議には、共和党の大多数の議員に加えて、民主党からも22人が賛成に回った。一方、民主党議員の多くは反対し、共和党からも4人が反対票を投じた。共和党内でも民主党内でも、分断および立場の違いが起きている。

民主党内の事情

アメリカ議会では、民主党にしても共和党にしても、政権を取った場合には大統領がそれぞれの党内をまとめる。しかし、議会で意見が割れている場合には、いわゆる「長老」がその役割を果たすことになる。長老とは、党内で人望が厚く、多くの党員の支持を集めている指導者的立場に就いている議員のことである。

民主党内で長い間その役割を担っていたのは、ナンシー・ペロシ下院議員だった。オバマ政権の時に下院議長を務めたペロシ氏は、2020年のアメリカ大統領選挙で、ジョー・バイデン前副大統領への支持を表明し、2021年には4期目の下院議長に選出された。下院議長の職は重責である。大統領がその職務を遂行できなくなった場合の承継順位が、副大統領兼上院議長に次ぐ第2位だからである。

ペロシ氏は、極端な左寄りの意見を上手に抑えてきた。極端な反イスラエルを唱えるタリーブ議員やオマル議員を抑えてきたのもペロシ氏だった。民主党内の過激な人たちを上手になだめることができなくなると、民主党を中道寄りにつなぎ止めるのは、それなりに難しい仕事なのである。

左派に配慮しすぎたバイデン政権

民主党内で左に寄りすぎた議員が増えた。そのため、本来は典型的な中道の人であるバイデン大統領も左寄りの政策をとらざるを得なくなったともいわれている。環境対策に力を入れたり、LGBTQやマイノリティの権利にスポットライトを当てたり、国境管理を甘くするようになったりしたのである。

左に寄りすぎてしまったバイデン政権に対しては、民主党内でも批判の声が上がっていることが、私の耳にも聞こえてきている。さらに、当初はバイデン氏を中道寄りだと思って指示した共和党関係者からも、失望の声が噴出していた。自分たちが議会で長年知っていたバイデン元上院議員が本来いた立ち位置とは異なっていたからである。そしてバイデン政権を2年以上経験してみてからは、実際にバイデン大統領は心の底から左派寄りだったのだという論調に変わった。

かつては共和党の中にも反トランプ派だからといってバイデン氏に投票した人たちもいる。いわゆる「隠れバイデン支持」である。しかし、その人たちの中にもバイデン氏を支持したことを後悔する人が現れてきていた。

もっとも、今回の大統領選挙を前にしてバイデン氏も、トランプ氏と同じような国境管理を再開したりしているが、遅きに失した感は否めない。民主党の左派の政策にバイデン氏が振れ過ぎたという声は民主党の中からも漏れ聞こえるのである。

2　相対的に低下したアメリカのリーダーシップ

パレスチナ問題でのダブルスタンダード

　バイデン政権は、二つの重大な戦争に見舞われた。アメリカが直接の原因だったわけではないが、二つの戦争によってアメリカのリーダーシップの欠如は明らかになった。

　第一に、イスラエルの強引なガザ侵攻を止めることができていない。イスラエルにとってアメリカは、武器と弾薬の最大の供給源になっている。アメリカはイスラエルに対して、毎年38億ドル（約5900億円）の軍事支援を行っている。イスラエルの自衛力増強が目的である。2024年4月には、連邦議会が140億ドルの追加軍事支援をするための予算案を可決している。

　1993年の「オスロ合意」は、アメリカのリーダーシップの下で行われた。ノルウェーの仲介で行われたオスロ合意では、イスラエルとPLO（パレスチナ解放機構）が和平交渉に合意し、パレスチナ暫定自治協定が成立した。パレスチナ自治政府が発足し、パレスチナ問題が二国家共存の原則で解決に向かうことが期待されたのである。

ところが、今回のガザ侵攻では、イスラエルはアメリカの忠告に耳を貸そうとしていない。無視を決め込んでいるネタニヤフ首相に対して、アメリカはまったくリーダーシップを発揮できずにいる。

今回のパレスチナ問題では、イスラエルの自衛権とガザの人たちの人権が天秤にかけられている。アメリカは最初に攻撃を受けたイスラエルの自衛権を優先している。しかしそれは、人道的な問題に限れば、国際的な人道問題と民主主義をリンクさせてリーダーシップを発揮してきたアメリカの、これまでの立ち位置とは明らかに異なる。人権擁護という点で独裁国家を厳しく非難してきたアメリカが、今回のパレスチナ問題では、「人権」を優先できていない。外からみれば、アメリカはダブルスタンダード（二重基準）に見えるといわれてしまう。そのジレンマがアメリカのリーダーシップを直撃している。

グローバルサウスと中国の台頭

もう一つは、アメリカの国力が相対的に低下していることである。経済的にも安全保障の面でも相対的な低下といえる。また、「グローバルサウス」（Global South）といわれる国々に対する影響力も相対的に低下している。グローバルサウスとは、北半球の先進諸国に対する国々のことで、かつては「開発途上国」と呼ばれていた。インド、ブラジル、南アフリカなどのアジア・アフリカ・中南米諸国で、最近の国際社会では大きな存在感を持つようになっている。

グローバルサウスは、経済発展のためには、必ずしもアメリカのような民主主義ではなく、独裁体制をとる国々が増えている（次ページ図）。いわゆる「開発独裁」を指向する国が増えれば、アメリカのリーダーシップにはマイナスの影響を及ぼすことになる。国連では、すべての国が一票を持っているからである。

統治体制別の国家数

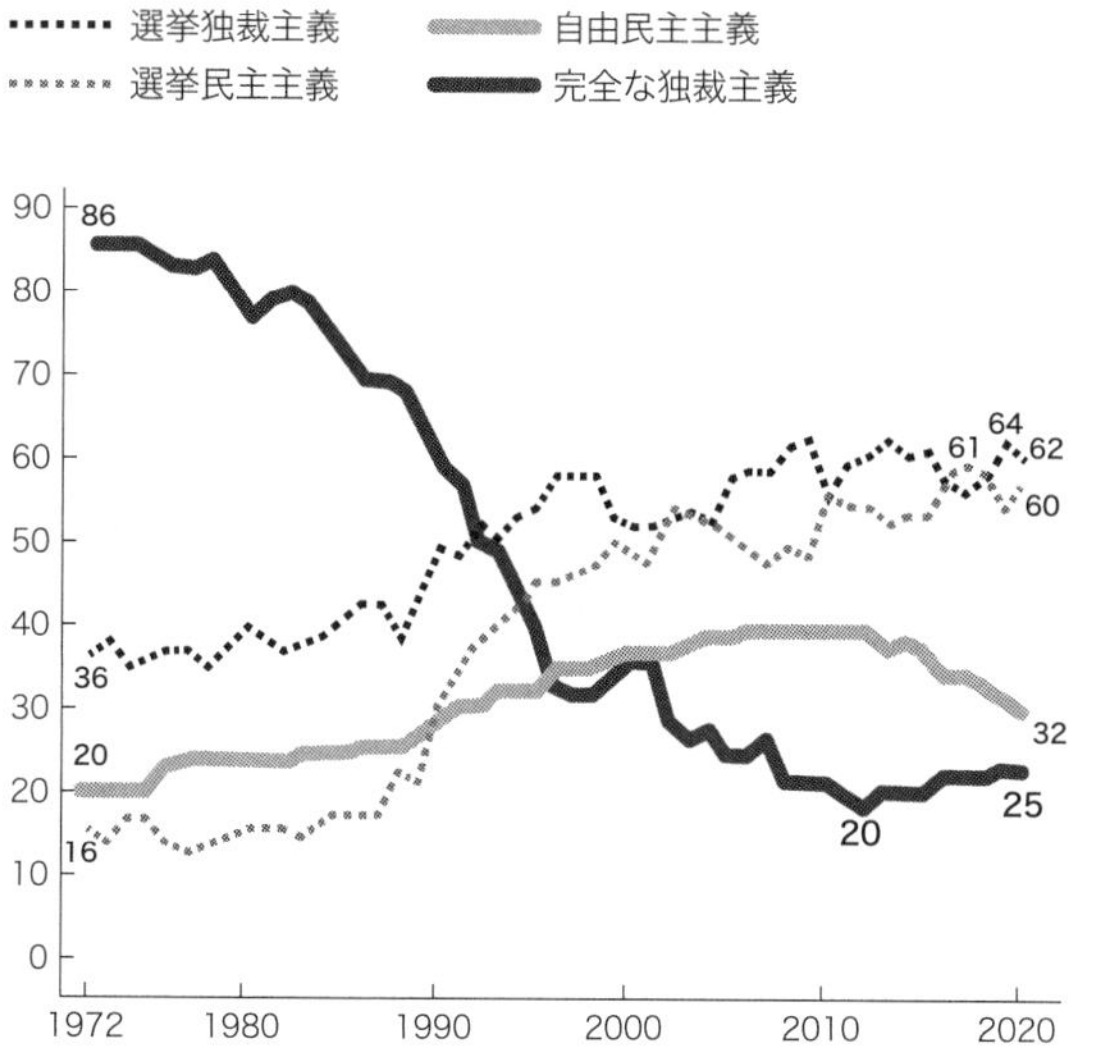

出典：スウェーデンの V-Dem による Democracy Report 2021
https://www.newsweekjapan.jp/ichida/2021/03/post-22_1.php

アメリカの国力が相対的に低下している背景には、中国の影響力が相対的に拡大していることも挙げられる。グローバルサウスの国々の強権主義的なリーダーたちが、中国を見本としながら、自国の経済発展を目指している。資金面の援助だけではなく、技術的な支援を中国から得て、自国の経済発展と強権政治の強化を図っている。監視カメラ網を張り巡らせ、インターネット上でハッキングを繰り返して自国の政府データとして蓄積していく。ブラジル、ロシア、インド、中国、南アフリカで構成する経済協力枠組みであるBRICSには、既にサウジアラビア、アラブ首長国連邦、エジプト、イラン、エチオピアが加盟を承認され、東南アジアや中東、南米の国々からも申請の動きが出ている。

中国なしにはサプライチェーンが成立し得なくなった

さらには、中国なしには世界のサプライチェーン（供給連鎖）が成立し得ない状況が生まれている。「サプライチェーン」とは、製品の原材料や部品の調達から販売に至るまでの一連の流れを指す言葉で、自社だけではなく協力会社を含めてモノの流れをとらえることを意味する。最近では、会社間のみならず、国境を越えたモノの流れをとらえる場合に使われる。

中国頼みのサプライチェーンはすでに世界で定着してしまった。そのことによってアメリカのリーダーシップは低下の速度を速めているように見える。言い方を変えれば、サプライチェーンの中にしっかりと組み込まれることによって、中国のリーダーシップが相対的に上昇しているのである。

例えば、アメリカの医薬品一つをとっても、中国からの原料に頼らなければ、アメリカで製造することができなくなっている。日本でも同じことは起きている。新型コロナ禍で、中国からのマスク輸入が途絶えて日本社会が大混乱に陥ったことは記憶に新しい。

ウクライナ戦争が引き金で中国の影響力は強大化した

グローバル化が急進展したために、世界の国々はもはや一国で自立することが難しくなっている。中国は経済力を強めたことによって、グローバルサウスへの影響力を増している。経済力を背景に軍事力の拡張も推し進めている。その結果として、アメリカのリーダーシップは相対的に低下した。

このような状況に拍車をかけたのがウクライナ戦争である。ウクライナ戦争が起きて、ロシアは中国に接近し、北朝鮮がそれに加わってついにウクライナとの戦争に軍隊まで送り込んだ。今まさに、国際秩序が入れ替わろうとしている。イスラエルのガザ侵攻では、パレスチナ側にイランが加わって、中国、ロシア、イランという「強権主義大国」のグループができつつある。

これは国際秩序という点では、アメリカにとっては極めて危機的な状況である。ただし、今回の大統領選挙では、アメリカ国民はそこまでは心配していないように見える。選挙では常に、自分の目先の利益優先で投票する国民がほとんどだからである。

3　世界のパワーバランスと「統合抑止」

「世界の警察官」であることを放棄

第二次世界大戦後の冷戦時代には、アメリカの防衛体制は、世界で同時に二つの戦争を戦うことができる軍事力を基軸にしていた。「二正面の軍事力」である。当時の米ソ冷戦構造の下では、その冷戦から派生するような代理戦争が起きていた。そこでアメリカは、「世界の警察官」としての役割を担うことになったのである。

1991年にソ連は崩壊し、冷戦は終結した。しかし、その前年には湾岸戦争が起きている。1990年8月2日にクウェートに侵攻したイラクと、アメリカ主導の多国籍軍との間で戦争が勃発した。さらに、2001年には、アメリカは

「対テロ戦争」としてアフガニスタンに侵攻している。

戦争の遂行には多額の軍事費を必要とする。また、戦地では多くのアメリカ兵が死亡している。度重なる戦争で、アメリカ国内には厭戦《えんせん》機運が蔓延した。そこで、2009年1月に就任した民主党のバラク・オバマ大統領は、アメリカが「世界の警察官」であることを放棄した。二正面の軍事力を常備しないとしたのである。

アメリカの膨大な軍事費を、国民の福祉や教育に回す。これは、冷戦後の民主党の一貫した政策だった。オバマ大統領の下で、多くの国民の支持を得て、政権がようやくその方向に舵を切ったということである。

「アメリカはもはや世界の警察官ではない」という言葉は、アメリカ国内だけではなく世界中に広まった。2017年に就任した共和党のトランプ大統領は、「アメリカ・ファースト」という言葉で、世界の警察官にならないことを追認した。大切なのはアメリカという自国であり、同盟国を守るために軍事費や軍隊を費やすべきではないという主張である。

統合抑止とは

アメリカの戦争に対する準備体制が変わり、アメリカの軍事力は世界中に薄く広く伸びている。一方で、中国は、東シナ海と南シナ海に重点的に軍事力を増大させている。すでに中国の海軍力はアメリカを大きく凌いでいる。今のアメリカの軍事体制では、中国の軍事力に対抗することは難しい。中国の脅威に対して、アメリカ単独で向き合うことが難しくなっているのである。

そこで、バイデン政権は、安全保障の基本戦略として「統合抑止」を置いている。「統合抑止」とは、軍事面だけでなく経済制裁や外交的圧力などあらゆる手段を動員して、抑止力を働かせるということである。軍事力にしても、陸海空だけではなく、サイバー空間における戦いも対象となる。

日本の安全保障との関連では、「防衛3文書」との整合性を図ることも「統合抑止」に含まれる。「防衛3文書」とは、「国家安全保障戦略」「国家防衛戦略」「防衛力整備計画」である。「国家安全保障戦略」では外交・防衛の基本方針を定めている。「国家防衛戦略」では防衛力の水準を規定している。「防衛力整備計画」では5年間の防衛費総額や主要装備の数量を定めている。

また、日本の統合参謀本部と、ハワイにあるアメリカのインド太平洋軍司令部との連携を図ることも「統合抑止」である。アメリカ一国で抑止力になることはもはや難しいので、同盟国とともに「抑止力」を打ち立てるということである。

核抑止力と核戦争の脅威

第二次世界大戦後以降、長い間、「核抑止」が世界規模の全面戦争を阻止してきた。恐怖による抑止である。しかも、信憑性がなければ効果は発揮できない。核兵器を保有する相手国に対して、核兵器を使って報復する意思と能力があることを見せ、それを認識させることによって、相手国が核兵器の使用や直接的な戦争を躊躇する状況を作り出す。結果として大国同士の戦争を回避できる。

２０２４年現在、核実験を公式に成功させた国は８カ国ある。そのうち、アメリカ、フランス、イギリス、中国、ロシアは、ＮＰＴ（核拡散防止条約）の核保有国であり、国連安保理の常任理事国でもある。残りの３カ国はインド、パキスタン、北朝鮮でＮＰＴ非批准国である。また、イスラエルの核保有は確実視されている。さらに、イラン、シリア、ミャンマーは核開発の疑惑がもたれている。

そして今、ロシアはウクライナ侵攻で核兵器の使用をちらつかせている。「核抑止論」で言えば、ウクライナは対抗措置としてロシアに対する核兵器使用の可能性を示さねばバランスが取れない。もしアメリカがウクライナ勝利のために参戦すれば、それは世界核戦争に直結することになる。アメリカはそんなことはしないだろうとロシアは高をくくっているのである。

「核抑止力」への挑戦

いま、「核抑止力」への挑戦という新しい事態が起きている。核抑止とは、相互に微妙な均衡を保ちながら、世界規模の大戦になることを防ぐという考え方である。しかし、ロシアという核保有国がウクライナに侵攻し、核兵器使用をちらつかせることによって、事態は難しくなっている。

アメリカは足元を見られている。本来は相互抑止にならなければならないのだが、ロシアに抑止力を使われてしまっている。その結果、ウクライナに十分な支援ができない状況が続いている。ウクライナに武器支援しても、長距離弾道ミサイルは除外する。ウクライナによるロシア本土攻撃に米国が加担しない意思を示すためである。

さらに、予期せぬ事態が起きている。2024年8月、ウクライナがロシア領域内に初めて越境攻撃を行い、一定の領土を制圧した。アメリカはウクライナがロシア国内を攻撃することを認めてはいない。ウクライナのゼレンスキー大統領は、アメリカには相談せずに作戦を決行したらしい。

ロシアは核を脅しに使っているが、実際には核を使えないだろうという想定の下に、ウクライナは攻撃をしたように見える。そうだとすれば、どの程度の戦争まで「核抑止」が使えるかがわからなくなる。わからないという「グレー・ゾーン」が広がれば広がるほど、世界の安全保障の状況は不安定になる。昔ながらの「核抑止」はもはや通用しない時代になっているのかもしれない。

ウクライナとパレスチナに対するアメリカの立ち位置

ウクライナ戦争とパレスチナ戦争を同じ土俵で論じることはできないというのが、アメリカの立場である。それを二重基準（ダブルスタンダード）だといって非難する人たちもいる。アメリカ国内で抗議運動を展開しているパレスチナ支援者たちもそう言う。果たしてそうだろうか。

ウクライナで起きている戦争は、ロシアの侵攻から始まった。一方、イスラエルのパレスチナ攻撃の発端は、ハマスによるイスラエル攻撃にある。ハマスは国家というよりもテロ組織である。ましてや、ハマスの究極の目的は、イスラエルを地球上から抹消することだとしている。

ハマスはロシアと違って核を持っているわけではない。アメリカはイスラエルとの歴史的な関係もある。したがって、アメリカは一貫してイスラエル寄りの立場を維持する。ウクライナにも支援はしている。しかし、アメリカの基本的な立場は、戦争に巻き込まれないということである。

いずれにしても、戦争は起こしてはならない。いまウクライナとパレスチナで起きていることは、戦争の悲劇の実例である。いったん戦争が起きると、後に残るのは悲劇しかない。起きてしまった戦争を終結させることはきわめて難しい。

「統合抑止」は、バイデン政権が打ち出した新しい安全保障の備え方である。陸・海・空の軍事だけではなく、外交、経済、宇宙、インターネットなどの接続、認知戦も含めた同盟国やパートナーとの協力体制である。こうした抑止がなければば戦争が起きるかもしれない。世界規模の戦争が勃発すれば、核戦争に発展する可能性もある。そうなれば地球は破滅的状況になり、人類が滅亡してしまう危険性さえある。

「抑止」とウクライナの教訓

ウクライナは抑止が効かなかったためにロシアの侵攻を許してしまった。ソ連崩壊時にウクライナが世界第3位の核大国であったことはよく知られている。その後、ウクライナは非核化を選択して、すべての核兵器を撤去した。しかし当時から、ウクライナはロシアに対して伝統的に不信を持っていた。加えて、独立後にロシアとの関係が悪化したため、対抗手段として核兵器を保有すべきだという意見もあったという。そこで欧米諸国は、ウクライナを守ることを条件に核兵器を放棄させた。これが、1994年12月にウクライナ、アメリカ、ロシア、イギリスの間で調印された「ブダペスト覚書」である。ウクライナに対していかなる武力行使や威嚇も行わないことを約束し、もしウクライナが攻撃を受けた場合には国際社会に向けて支援を訴えることを誓約していた。

ロシアはスパイなどの情報網も含め、約30年にわたって欧米の状況を観察してきたが、今ヨーロッパが内向きになり、移民や経済面でメンバー国に亀裂が入っていることも見極めていたようだ。アメリカもトランプ政権となり「アメリカ・ファースト」で内向きになった。さらにバイデン政権もアフガニスタンからの撤退を急いで国内外の不興を買った。そしてアメリカはより大きな中国の挑戦に対処するため、ヨーロッパよりアジアに目を向けていたように見えた。

ウクライナの軍事力も弱かった。NATO（北大西洋条約機構）には加盟させてもらえていなかったため、「共同的安全保障」によって守られることはなかった。他の国々と軍事協力を結んで合同軍事演習をすることもなかった。「抑止」を信憑性のあるレベルまで高めることもできていなかったのだ。さらに言えば、クリミア半島をロシアは苦もなく奪うことができた。

世界情勢やウクライナの状況を見極めた上で、ロシアが千載一遇のチャンスととらえ、ウクライナに侵攻したとしても不思議ではない。

アメリカの同盟国の動き

アメリカの力は相対的に低下してしまった。アメリカの同盟国は対策に動かざるを得ない。すでにヨーロッパではＮＡＴＯ加盟諸国が、トランプ氏が大統領に当選した場合に備えて、軍事費を増加させている。日本も防衛費を増加させている。自国を守るという危機感であり、トランプ大統領が誕生したときに、軍事費がカードに使われて、さまざまな要求を突き付けられるかもしれないという恐れもある。

ここで、最近私が呼ばれた二つの会議の事例を紹介しよう。

一つは、２０２４年５月に韓国で行われたシンポジウムである。韓国シンクタンクの呼びかけで、日米韓の有識者が集まって、日本と韓国の連携をさらに深めることを目的として行われた。その背景には、日本と韓国の安全保障を、アメリカだけに頼れなくなってきている現状がある。ましてやインド太平洋地域で、中国や北朝鮮が事を起こした場合には、アメリカは地理的に遠すぎるという問題がある。この地域の安定を保つためには、周辺の国が協力しなければならないのである。

日本と韓国は、安全保障関連を含めた協力を何度も約束しているが、韓国の政権が交代するたびに反故にされるということが繰り返されてきた。しかし、尹錫悦政権になって以降、日本と韓国が協力して安全保障を確保するという意識が韓国で芽生えている。アメリカは日本と韓国の、いわば仲人役であり、2023年8月には、バイデン大統領がキャンプ・デービッドに岸田文雄首相と尹大統領を招いて、日韓両国の安全保障協力を約束させている。韓国に尹大統領のような親日的リーダーは二度と誕生しないかもしれないと言われる中、政権交代しても友好関係がブレないように制度化することが目的とされた。

もう一つは、2024年6月にオーストラリアで行われた「トラック1・5」である。政府関係者と民間の有識者で構成される会合を「トラック1・5」と呼ぶ。会合は、アメリカの同盟国である日本、オーストラリア、韓国が参加して行われた。日本、韓国、オーストラリアはアメリカよりも国力は小さいが、オーストラリアは豊富な資源を持っている。3カ国が連携してアメリカのリーダーシップの相対的低下を補う、あるいはアメリカに影響力を行使するために何ができるかが議論されたのである。

4 アフガニスタン撤退の混乱と責任

アフガニスタンからの撤退

2021年7月、アフガニスタンに駐留していたアメリカ軍が撤退した。その後すぐに、武装勢力タリバンがアフガニスタン全土を制圧し、8月には首都カブールを掌握した。当時のガニ政権は崩壊し、アメリカをはじめとする各国は自国民や旧政権に協力したアフガニスタン人を脱出させることを急いだ。カブール国際空港では、離陸するアメリカ軍機にしがみついたアフガニスタン人が振り落とされて死亡するなどの大きな混乱が起きた。8月26日にはカブールの空港付近で爆破テロが起き、米軍兵士13人とアフガニスタンの市民約170人が死亡した。

アメリカ軍は8月30日にアフガニスタンからの撤退を完了し、翌31日にバイデン大統領は国民向けの演説で戦争終結を正式に宣言した。20年間にわたって続いたアフガニスタンでの戦争は終結した。「テロとの戦い」の一環として始まったものの、「終わりのない戦争」へと変質し、アメリカの国益や戦略に合わなくなって久しかった。テロ組織のアルカイダやIS（イスラム国）の脅威は、グローバルに広がってしまいアフガニスタンに限定もできなくなっていた。したがって、テロとの戦いをアメリカが終結したわけではないとされる。

アメリカの史上最長の「テロとの戦い」

２０２１年９月にアメリカのブラウン大学の研究チームは、20年間の「テロとの戦い」で費やされた費用と死者の推計を発表した。

対テロ戦争の費用の合計は８兆ドル。当時の為替レートで換算すると約８８０兆円にのぼる。アフガニスタンやパキスタンでの費用が２・３兆ドル（約２５０兆円）、イラクやシリアでの費用が２・１兆ドル（約２３０兆円）、退役軍人への療養費２・２兆ドル（約２４０兆円）などである。また、死者は米兵約７０００人、敵対した兵士約10万人、民間時約33・５万人、ジャーナリストらは約１０００人。合計で約45万人の命が失われた。

アメリカの「テロとの戦い」は、２００１年９月11日の「アメリカ同時多発テロ」に始まる。２００９年に米軍の増派を決断したオバマ大統領は、２０１１年７月からの撤退を意図していた。２０１１年５月には、米軍の特殊部隊がパキスタンの首都イスラマバード郊外で、ウサーマ・ビン・ラーディンを殺害したものの、タリバンとの戦闘は続いた。

2016年5月には、タリバンの最高指導者アフタル・ムハンマド・マンスールを殺害したが、戦況は拮抗し、その後も戦闘は続いた。そして2020年2月に、カタール・ドーハで、トランプ政権がアメリカ軍撤退についてタリバンと合意を交わした。1964年8月のトンキン湾事件を契機としてアメリカが全面的な軍事介入を開始したベトナム戦争は、1973年8月15日までの10年間続いた。対アフガニスタン戦争は、アメリカにとって「史上最長の戦争」だった。

「最大の外交政策の敗北」か?

アメリカ軍のアフガニスタン撤退を受けて、トランプ前大統領とバイデン大統領の非難の応酬が続いた。トランプ氏は米国史上「最大の外交政策の敗北」とバイデン大統領を糾弾する。バイデン大統領は、トランプ政権から好まざる撤退合意の遺産を引き継がされたと反論する。タリバンによるアフガン掌握のきっかけとなった米軍撤退交渉がトランプ政権時代に行われたからである。

トランプ氏による批判は続く。アラバマ州で行った集会では、バイデン大統領によるアフガン撤退は完全降伏であり、「一国の指導者の無能さが最も驚くべき形で示された」と痛烈に批判した。また、自身が交渉した際にはタリバンから敬意を払われたとし、再選されていれば政権崩壊には至らなかったとも主張し、バイデン氏が前政権の撤退計画に従わなかったことが現状を招いたと主張。「名誉ある撤退ができたかもしれない。そうあるべきだったのに、真逆の状況での撤退となった」と糾弾した。

アフガニスタン民主化は失敗した

確かに、トランプ政権は、アフガニスタンからの撤退を念頭に置いていた。しかし、唐突に撤退することはできないこともわかっていた。共和党には国防族議員や官吏が多数いる。そういう人たちが政権の中で、トランプ大統領の自制を促して、完全な撤退には至らなかったという事情がある。

バイデン政権になって、撤退時期が迫っていたのなら同盟国にも根回しをして、もう少し丁寧に撤退するべきだっただろう。少なくとも、13人のアメリカ兵が死亡するような大失態を犯してはならなかった。しかも撤退を急ぐあまり、最新兵器をアフガニスタンに残してきてしまった。軍事の専門家から見ても、まさに許せない状況だった。

アフガニスタンに民主主義を導入して、テロリストたちが闊歩できないような国にして撤退することがアメリカの理想だった。女性に教育機会や政治に参画する権利を与える社会がアフガニスタンの中で一時的には実現した。頭髪を隠す「ヒジャブ」を着用しなくてもいい社会になった。ところがアメリカ兵が撤退した後は、タリバン政権がすべてを覆してしまった。結局のところ、アメリカが目指したアフガニスタンの民主化は成功しなかった。

共和党中道派もトランプ氏支持に回る

しかし、アメリカはもはや他国に首を突っ込むことはできない。アメリカ国内が分断の危機にさらされているからである。私は２０２４年予備選挙が佳境を迎えた3月にワシントンで複数の友人たちにあって、共和党内の様子について話を聞いた。

一人は、元上院予算委員会の同僚で、今は上院歳出委員会で補佐官を務める。共和党の元同僚たちにもトランプ支持者と反トランプがいる。ワシントンでの政策形成に精通したプロであり、どちらかというと異端のトランプを嫌う傾向がある。しかもその元同僚は、ペンシルベニア州の共和党元上院議員バット・トゥーミー氏の首席補佐官を務めていたこともある。トゥーミー上院議員は共和党の中道派として知られ、引退するまで反トランプだった。部下の彼も中道派つまり反トランプだったはずである。

その彼が、バイデン政権には失望したという。やはりトランプ氏でなければならないと考え直したのは、アフガニスタン撤退の失敗があったからだという。アフガニスタン撤退は、バイデン政権が始まってすぐのことだが、この時点で決定的に意見が変わったと彼は言った。彼は、トランプ氏の弾劾裁判の時には弾劾にも賛成していたくらいだった。

彼にはアフガニスタン戦争に従軍した同級生や友達がいる。負傷したり、精神的なダメージを受けたりして、家族が崩壊したケースもあるという。離婚してしまった人もいる。メンタルな問題を抱えて苦しんでいる人も多い。アフガニスタンでの戦争のために自らの命を削り、自分の生活や人生を削った人たちがいるにもかかわらず、バイデン氏は戦略なしに撤退してしまった。

同盟国とも十分協調できなかったため、同盟国側も混乱を極めた。老獪《ろうかい》な政治家で根回しが上手だったはずだからこそ、バイデン氏は尊敬され期待もされていた。しかし、それをせずにアフガニスタンから撤退したというショックは計り知れないものがあった、と彼は言った。

「複雑骨折」しているアメリカ社会

彼はさらに踏み込んで次のように言った。

人々をテロから守り、アフガニスタンにも民主主義を根づかせるために、アメリカ人が命を削っているのに、どの国もアメリカに感謝してさえくれない。アメリカのせいで戦争が起きたとまで言う人がいる。そのような時代はもう変える必要がある。トランプ氏の言うように「アメリカ・ファースト」でいいのではないか。

彼の言葉に、私は「複雑骨折」しているアメリカ社会の一端を見たような気がした。

もう一人を紹介しよう。彼女も元同僚のエコノミストで、穏やかで知的で品の良い人である。彼女もまたトランプ氏を支持するという。私は彼女のことを知っているが故にそれを聞いて仰け反るほど驚いた。理由は、バイデン氏に対する不信だという。アフガニスタン撤退の失態に加えて、バイデン氏があまりにもリベラルに走り過ぎたからだという。経済政策だけを純粋に見れば、トランプ氏のほうがずっとアメリカのためになると彼女は言い切った。

彼女の夫はニュージーランド人という国際派でもあり、贅沢三昧な暮らしをしているわけではない。ハーバード大学を出てロンドン政治経済学院で学位を取得した彼女は、アメリカ国内だけしか見えないという訳でもない。その彼女の言葉に、私は、共和党の中の分断と理想の組み換えの動きを肌で実感した。

第3章
二つの戦争の行方とアメリカ

ウクライナ支援を巡り、アメリカ国内の世論に変化が起きている。共和党と民主党の立ち位置の違いも現れ始めてきた。国際秩序の役割についての認識の変化と言い換えることもできよう。

一方で、パレスチナ紛争に対し、バイデン政権や国際社会は二国共存を望んでいる。しかしイスラエルとハマスが相互に抱く不信感は、それを可能にしていない。

2025年に再び発足するトランプ政権の対応次第では、ウクライナ戦争・パレスチナ紛争に大きな変化をもたらすと予想される。この章では、二つの戦争を見据えて、アメリカとロシア、アメリカとイスラエルとの関係を中心に解説する。

1　ウクライナ戦争とアメリカの対応

ウクライナ戦争という現実

2022年2月に始まったウクライナ戦争はすでに2年以上が経過した。

「ウォールストリートジャーナル」は、この戦争で両国合わせて100万人以上の死傷者が出たと報じている。イギリスの公共放送のBBCによれば、2024年9月時点で、ロシア兵の死者数が7万人を突破し、その約2割は志願兵だという。ウクライナの戦死者については、ゼレンスキー大統領が2024年2月に3万1000人と公表している。子供の犠牲にも歯止めがかかっていない。日本ユニセフ協会によると、2022年の6カ月間で362人の子供が死亡し、610人が負傷した。その後も子供の犠牲者は増え続けている。「日本経済新聞」によれば、2023年8月時点で500人が死亡し、負傷者は約1100人に上った。NHKは2023年4月に、ウクライナの子供たちがロシアへ連れ去られているとして特別番組「追跡『2万人』の〝消えた子どもたち〟」を放送している。

アメリカ世論の変化

アメリカ国内では、ウクライナ戦争をどのようにみているのだろうか。ロシアがウクライナに侵攻した2022年2月時点では、ウクライナ支援がアメリカ国内の大きなうねりとなっていたことは確かである。

アメリカのテレビ・ラジオ放送局CBSニュースが2022年2月に行った世論調査によれば、過半数の人は「かかわるべきではない」と答えている一方で、43%の人はウクライナ支援をすべきだと回答している。年齢別にみると、若い人ほど「かかわるべきではない」(61%)と考えており、高齢者ほど「支援すべきだ」(61%)と考えていることがわかる。政党別にみると、民主党支持者の過半数(58%)がウクライナ支援を支持しているのに対して、共和党支持者の多く(55%)は「かかわるべきではない」と答えている。バイデン大統領のロシア対応についても46%の人が評価している。

ところが、2カ月後には状況が一変する。4月に行った世論調査では、ロシアに対する経済制裁やウクライナへの武器支援については、それぞれ78%・72%の人が支持しているものの、バイデン大統領の対ロシア政策については55%の人が評価しないと答えている。2カ月間でアメリカに支援疲れが見え始めたのである。

アメリカの調査会社ピュー・リサーチセンターによれば、2022年2月のロシアによるウクライナ侵攻直後、アメリカ人の大多数がウクライナへの支援を支持し、42％の人々がアメリカは十分な支援を提供していないと感じていた。一方で、わずか7％が「支援が多すぎる」と答えていた。

2023年になると、支援が「多すぎる」と感じる人々の割合が増え、共和党支持者の間では特に顕著になった。この時点で32％が「過剰な支援」と見なすようになり、民主党支持者の間では引き続き支援への強い支持が見られた。

2024年7月の調査では、47％の共和党支持者が「アメリカはウクライナに対して過剰な支援を行っている」と答え、民主党支持者の36％が「アメリカの支援は適切である」と考えて、27％は「十分ではない」と回答したという結果が出てくる。

ウクライナ支援か経済・インフレ対策か

当初は、ウクライナの軍事支援は一気に行うべきだという声が共和党議員の一部からは出ていた。しかし、バイデン大統領はじわじわと支援するにとどめた。共和党のトランプ支援者たちを中心に、バイデン氏のウクライナ支援の方法に批判が高まった。次第に増えていったのが、経済政策を優先すべきだという声である。

ＣＢＳニュースが２０２２年に行った世論調査によれば、優先すべき課題として「経済」を挙げた人が76％、「インフレ」が73％だったのに対して、「ロシア・ウクライナ」は58％だった。当時アメリカはインフレが進行していた。経済的困窮者に予算を回すべきだという議員が増えたのである。

２０２２年の中間選挙では、民主党に代わって共和党が下院で多数派を占めた。下院議長は多数派政党から選出される。２０２３年1月にケビン・マッカーシー下院議長が選ばれた時も「ウクライナ支援」は争点だったが、彼が同年10月に解任されてからマイク・ジョンソン下院議長が選ばれる際には、ウクライナ支援の削減が明確な交渉カードになった。一部のトランプ派の議員の動きで、共和党の中が割れて紛糾した典型例である。

アメリカの対ウクライナ支援金額

アメリカ連邦議会は、2022年度の通常予算にウクライナ支援のための136億ドルの予算を計上した。当時の為替レートで計算すると1兆6200億円になる。そのうち軍事支援は65億ドル（7735億円）である。

バイデン大統領は2022年4月に、ウクライナ支援の追加予算として総額330億ドル（3兆9270億円）の承認を連邦議会に求めた。内訳は、軍事支援204億ドル（2兆4270億円）、経済支援85億ドル（1兆115億円）、人道支援30億ドル（3570億円）などである。

5月9日には「武器貸与法」が成立した。正式には、「2022年ウクライナ民主主義防衛・レンドリース法」(Ukraine Democracy Defense Lend-Lease Act of 2022) と呼ぶ。第二次世界大戦中の1941年から1945年にかけて、アメリカはイギリス、ソ連、中国、フランスなどの連合国に対して、武器貸与法に基づいて膨大な量の軍需物資を供給した。今回の武器貸与法は、ロシアのウクライナ侵攻に対応するために、同様の方法でウクライナ政府への軍需物資の供給を促進する目的で制定されたのである。

武器貸与法は4月6日に上院では全会一致で可決され、4月28日には下院で共和党議員10人の反対があったものの賛成多数で可決成立していた。5月9日にバイデン大統領が署名して、武器貸与法が実施されることになった。

その後、連邦議会では奇妙な現象が起きた。5月11日に下院は、バイデン大統領が要求していたウクライナ支援のための追加予算330億ドルに70億ドルを上乗せして400億ドル(5兆2000億円)を可決したのである。賛成368、反対57の圧倒的多数だった。上院でも賛成86、反対11で可決された。ウクライナ支援の必要性は、実は党派を超えた議員間で存在することが明らかになった瞬間であった。

冷戦構造を知るバイデン氏、儲かればいいと考えるトランプ氏

大型のウクライナ支援予算が成立する一方で、その後は、ウクライナ支援に関するアメリカ国内の支持は相対的に弱まっている。民主党内ではバイデン大統領のウクライナ支援を評価している人が多いが、共和党内ではウクライナ支援に対する批判の声が高まりつつある。トランプ氏は、大統領に就任すればすぐにウクライナ戦争を終結させると語っている。トランプ氏の主張を聞いて、ウクライナ支援に反対する人たちが増えている。

バイデン氏の世代は、冷戦時代を生きてきた。冷戦構造が頭に刷り込まれている世代だ。「冷戦」とは、第二次世界大戦後の世界を二分した西側諸国と東側諸国との対立構造のことである。西側諸国とは、アメリカ合衆国を盟主とする資本

主義・自由主義陣営であり、東側諸国とは　ソビエト連邦を盟主とする共産主義・社会主義陣営である。冷戦構造は、米ソ関係を軸に展開した。

バイデン大統領の2021年4月の「就任後初の議会演説」にもそれはよく表れていた。ウクライナ戦争を、民主主義（デモクラシー）と専制主義（オートクラシー）の戦いと位置付けたのである。ハリス氏はバイデン氏の外交安保をなぞっていたが、ウクライナ戦争を冷戦構造のようには理解していないように見えた。「民主主義と専制主義の戦い」というところに明確に落とし込んでいるようには見えなかったのである。

一方の共和党トランプ氏の考え方はまったく異なる。彼は年齢的には冷戦構造を体験しているが、政治家ではなかった。したがって、冷戦構造を踏まえた考え方ができない。儲かればいいと割り切れるタイプである。得るものさえありそうなら、トランプ氏はロシアとも中国とも交渉するかもしれない。

Z世代とウクライナ戦争

共和党にしても民主党にしても、世代交代が始まっている。これからの社会を担うZ世代（ジェネレーションゼット／GenZ）は冷戦構造を知らない。そういうなかで、アメリカはロシアと向き合い、ウクライナ戦争に対処しなければならないと同時に、新しい世代が政治の世界を動かすようになる。国際秩序に対する意識が変わり、リーダーの形も変わる。ウクライナ戦争の行方を左右することにもなるだろう。

ウクライナの戦争をこのまま続けるべきだとは誰も思っていない。問題はどのような形で終結させるかである。バイデン氏は、「ウクライナを民主主義の防波堤」だという。しかしこのまま支援をしていても、戦争は長引き、ウクライナ人とロシア人の死者が増える。一方でトランプ政権発足後に、もしもウクライナへの支援を止め、ロシアが占領している土地を割譲して終戦ということになれば、世界の善悪の基準がまったく変わってしまう。

冷戦構造を理解する人は、ウクライナ戦争はアメリカにとっては死活的問題だと考える。しかし、大統領選挙で有権者はそんなことは考えずに投票する。日本をはじめとする同盟国が外からアメリカ政治を見ると、アメリカ社会の意識の変化には不安を感じざるを得ない。

2　核兵器保有とブロック化

「弱腰」に映るバイデン大統領

冷戦構造をよく理解している者からすると、バイデン氏の民主主義を重んじ、かつロシアとの全面戦争を避けようとする対応には安心感を覚える側面がある。しかし、戦争を終結させるための決定打に欠けていることも事実だ。このままでは、ウクライナ戦争を長引かせるだけである。それがバイデン氏の「弱腰」と映る。バイデン氏の弱腰こそがウクライナの悲劇を呼んでいると指摘する声もある。

ロシアが持つ抑止力にアメリカは屈している。第三次世界大戦の勃発を恐れるあまり、思い切った軍事支援には踏み出せないままである。それがウクライナ戦争を長引かせ、泥沼化させる原因だというのである。

北朝鮮や中国はウクライナ戦争を注視している。民主主義国家の盟主としてアメリカがどのような行動をするのか。核兵器を持ち、核兵器を使うと脅しさえすれば、アメリカは手出しできないことが証明されつつあるのかもしれない。北朝鮮は核兵器保有を必死で最優先し、中国は核兵器保有数を積み増している。核兵器を保持しそれを飛ばすミサイルを開発することによって、アメリカに対抗できると理解する国が生まれる。ウクライナ戦争は、それを実証する場になってしまうのかもしれない。

2024年8月にウクライナ戦争は新しい局面を迎えた。ウクライナがロシア領土を攻撃したのである。ウクライナ戦争をどのように収束させるのか、難問が増えたようにも見える。それでも注目すべきことがある。それは、ロシアが核兵器を使っていないということである。核抑止の真価が今後問われることになるかもしれない。

ロシアと中国・北朝鮮の接近が加速

ウクライナ戦争についてのもう一つの事実に目を向けてみよう。それは、中国の間接的および北朝鮮の直接的な支援があってロシアはウクライナ戦争を戦っているということである。中立的な立場にあるはずのインドは、石油や天然ガスを買うという形で間接的にロシアを支援している。

国際秩序が流動化し組み換えが起きている。それが相対的にアメリカの力の弱体化にもつながっている。ウクライナ戦争は、ロシアと中国の接近をさらに加速させている。ロシアと北朝鮮の接近は顕著になっている。

アメリカとの関係もあって、中国は軍事的な支援をしていないとは公言している。しかし実際は、中国からの民生品や部品などを輸入することによって、ロシアは戦争を続けることができている。北朝鮮は武器・弾薬さらには兵士を提供してロシアから見返りを得ている。

ロシアと中国は、欧米中心の経済体制に対抗するグループ化の努力を行っているとみることもできる。一つはロシアの「経済制裁」への対抗措置として、もう一つはやがて起きるかもしれない「経済制裁」への備えとして、である。BRICS拡大にとどまらず、一歩踏み込んで中国が人民元で貿易決済を行うようになったのも、中国中心の経済システム構築に備える意味合いがありそうだ。

ウクライナ戦争でロシアは中国・北朝鮮と急接近した。それを止めさせる術は、今のところ見つかっていない。国際社会におけるアメリカの相対的弱体化の一つの姿を如実に表している。

経済制裁で戦争を終わらせることはできない

ロシアのウクライナ侵攻が始まった2022年2月以降、欧米はSWIFT

（国際銀行間通信協会）からロシアの金融機関を排除した。SWIFTは国際金融の送金を手がける世界的決済ネットワークで、本部はベルギーにある。世界の1万1000以上の金融機関が利用し、決済額は1日当たり5兆ドル（約575兆円）にのぼる。SWIFTが利用できなくなると、ロシアの企業は貿易決済ができなくなる。最も厳しい経済制裁の一つと考えられていた。

高性能半導体やセンサーなど、ハイテク製品のロシアへの輸出も禁止した。原油や鉄鋼製品、木材、ウォッカなどのロシア産製品の輸入も禁止した。プーチン政権の後ろ盾になっている富豪「オリガルヒ」の資産凍結なども行っている。

経済制裁を発動した当初、日本のある政府高官は「返り血は浴びるがロシアには決定的な打撃を与えることができる」と言った。確かに、経済制裁によりロシア経済は一時的にマイナス成長に陥った。しかし、ロシア経済はその後すぐに回復した。「経済制裁」に抜け道があったからである。象徴的な例は、EUはロシアの大きな収入源である天然ガスの輸入を完全には禁止できていないことである。

ＥＵ諸国はパイプラインで供給されるロシア産の天然ガスに大きく依存してきたため、かなり輸入を削減したものの完全なストップはできていない。また新興勢力がロシアとの関係を断っていない。

確かに、ロシアは経済制裁に苦しんではいる。しかし、経済制裁で戦争を止めることはできていない。

3　ウクライナの戦後を考える

「ウクライナ中立化」はあってはならない

大統領選挙でトランプ政権が復活することが決定した。今後、ウクライナ戦争はどうなるのだろうか。すでに言及したように、ウクライナの土地を割譲して戦争を終わらせようとするかもしれない。アメリカが武器弾薬をウクライナに提供しなくなれば、そうならざるを得ないからである。

ウクライナがロシア領内を攻撃し、一部を占領したのは、トランプ政権誕生を見据えてのことかもしれない。一つには、ロシアの兵力を分散させるための戦術ということもあろう。もう一つは、ロシア側を占領することによって、トランプ政権がロシアとの交渉で割譲を提案した時の交換条件とするためとも考えられる。そうすることによって、ウクライナの土地を取り戻すことができる可能性が上がるからである。

ウクライナ戦争の終結を見据えると、もう一つの難問があることがわかる。仮に、領土交渉で和平協議が成立したとしても、ロシアのウルジーミル・プーチン大統領は「ウクライナの中立国化」を要求するだろう。ウクライナが中立国であれば同盟国の助けはないので、ロシアの手中に収めるチャンスを将来にわたって残すことができるからである。

ウクライナは国連に加盟する独立国である。しかしプーチン大統領は、ウクライナはロシア領土であると信じており、ロシア国民にもそう説いている。ロシアにとってはそれが永遠の真実なのである。和平交渉では、ウクライナを中立国にするというところで手を打ち、ほとぼりが冷めるのを待つ。「ブダペスト覚書」を踏みにじり、国連憲章をも顧みないロシアが、再びウクライナを狙うのは時間の問題といえよう。

プーチン大統領の「中立化」案は認めてはならないものだ。了解すれば、再びウクライナが戦争の恐怖にさらされる。ウクライナのNATO加盟を認めないかぎり、ロシアのウクライナ侵略は繰り返されると理解したほうがいい。トランプ氏にはそこまでウクライナを守れるのだろうか。

ウクライナがNATOに加盟すれば、即座に世界戦争が起きるという意見もある。しかし、おそらくそれはあり得ない。NATOは軍事的条約であり、同盟国が攻撃された場合にはNATOが守ることが明記されている。ロシアはNATOと交戦することまでは考えていないのではないか。NATO加盟が防衛のクレディビリティ（信憑性）になり、ロシアがウクライナ侵略の出来心を起こすリスクは低減すると考える方が合理的といえよう。

武器・弾薬供給に苦慮するアメリカ

ウクライナ戦争がアメリカ経済に与えている影響の一端を紹介しよう。

ソ連が崩壊して冷戦が終結して以降、アメリカの軍事産業は規模を縮小した。世界中の二つの戦争を同時に戦えるための軍備から、一つの戦争のための軍備に変わっている。しかし、ウクライナ戦争で事態は一変した。武器貸与法によって、ウクライナは融資された資金でアメリカの武器を買ったり貸与を受けたりしている。アメリカの軍事産業は潤っているが、冷戦後の生産能力の低下は素早く補えていない。したがって、武器も弾薬も生産が追いつかないという問題を抱えている。時間がない今は、アメリカ製の武器を持つヨーロッパの国々がウクライナに提供したりしている。武器弾薬は決定的に不足しており、韓国や日本そして欧州の信頼できる同盟国との協調が欠かせない。民主主義という価値を共有する国々の協力はますます重要にならざるを得ない。そうでなければ、民主主義国家が弱体化し、地球上に独裁国家が増えるリスクも高まる。

ウクライナ戦争の「深刻な」影響？

2024年8月に私はワイオミング州のジャクソンホールにいた。早朝から夕方までの1日のセミナーが終わったあと、アトラクションが入ることがあった。魚釣りやハイキングなど多様なオプションが存在したが、私は「シューティング」に参加した。実弾が装着された拳銃や散弾銃などで屋外の的を狙うアトラクション教室である。

私を含めて10人ほどが、山に向かって遠くの的を狙う。丸型の標的やバナナのような形の標的もあった。動いている標的もあった。もちろん私には初めての体験だった。遠くまで飛ぶような狙撃銃もあった。

その教官が私に言ったことは興味深いものだった。ここに並んでいる拳銃を今買おうとすると2倍から3倍の値段になるという。ひょっとするとウクライナ戦争のためか、と聞いたところ「その通り」という返事だった。

それは、アメリカならではの教室体験だった。日本で言えば、自動車教習所のような場所で行われた。そういうところにまでウクライナの影響の話が及んでいることを知って、驚いた次第である。

4 パレスチナ戦争とアメリカ

バイデン政権は二国共存を望んでいる

パレスチナに対するイスラエルの攻撃は、本書執筆時点でも続いている。アメリカはなぜイスラエルとの関係が緊密なのだろうか。アメリカ国内に反対する意見は強くないのだろうか。さまざまな疑問がわくかもしれない。

民主党のバイデン大統領は、トランプ氏が大統領になると、二国共存という解決に向かえないかもしれないと焦りを感じていたのだとしても不思議ではない。国務長官や国防長官をイスラエルに派遣して、解決策を探り続けている。話し合いが行われたという報道が出てきては、決裂するということの繰り返しである。イスラエルは今こそとばかり、ヒズボラやイランとも対立して攻撃も行った。

バイデン政権も国際社会も、イスラエルとパレスチナの二国共存を望んでいる。しかし、ことは簡単には運びそうにない。イスラエルとハマスの双方が、あまりにも根深い不信感に支配されているからである。特に、ハマスは国家ではなくテロ組織である。抑制が利かないという意味で、解決が難しい問題になっている。

バイデン政権に白票を投じたアラブ系アメリカ人

今回のパレスチナ戦争でイスラエルに反発する若者も少なくない。彼らの多くは、トランプ氏よりも民主党政権のほうがマシだとは考えている。ただし、バイデン大統領の対応には不満を蓄積させている。バイデン政権の路線を変更させるために、民主党大会でデモも行っている。

アラブ人コミュニティでは、ガザ侵攻を続けるイスラエル支持を明言するバイデン政権への失望と怒りが渦巻いている。前述のように2024年のミシガン州での民主党予備選挙では、約10万票の白票が投じられた。反イスラエルの人たちのバイデン氏への抗議のためである。

ミシガン州は「激戦州」といわれる。大統領選のたびに勝利政党が変わる「スイング・ステート」の一つであるミシガン州は、アラブ系有権者の割合が全米で最も高い。約2%（約21万人）を占めるアラブ系アメリカ人は、4年前の大統領選でバイデン氏の勝利を後押しした。今回の大統領選で彼らがトランプ氏や第三政党候補に票を投じるケースもあったようであり、ハリス支持の熱気はバイデン氏当選時のそれより明らかに低下していたとされる。結果的にトランプ氏を勝利させることにつながったのかもしれない。

大学生による反イスラエルデモ

２０２４年４月から５月にかけて、アメリカ各地の大学キャンパスで、学生らが敷地を占拠し、パレスチナ戦争への抗議行動を起こした。ニューヨークのコロンビア大学では１００人以上が逮捕された。

その後、一時的に、学生たちの抗議はエスカレートした。イェール大学、ジョンズ・ホプキンス大学、マサチューセッツ工科大学、カリフォルニア大学バークレー校など全米の大学で抗議の輪が広がった。オーストラリアやカナダ、イギリスの大学キャンパスでも、親パレスチナの抗議者らによる集会が開かれた。

ただし、注意しなければならないことがある。それは、ほんのわずかな一部の大学生が抗議行動を起こしていたということである。彼らは、全大学生数の数％にも満たない。多くの若者はパレスチナ戦争にそこまでの興味を持ってはいない。

１９６０年代のベトナム反戦運動は大学生からアメリカ全土に広がった。今回のパレスチナ戦争による反イスラエルの動きが、アメリカ国内でどのような広がりを見せるかはわからない。ガザでどのようなことが起こるかによるだろう。しかしベトナムと違ってアメリカは「戦争の当事国」ではないのである。

大学はリベラルな環境にあり、リベラルな学者も多い。その大学内で混乱が起きることは、民主党にとって好ましい事態とはいえなかったろう。大学での混乱に嫌気がさした人たちが共和党支持に鞍替えすることもあり得ると考えられた。そこで、暴動に発展しないように警備を強化することになった。大学での混乱は民主党内の複雑骨折を示している。

大学ファンドの対イスラエル投資への批判

大学生たちの反イスラエルデモについてもう一つ指摘しておこう。それは、学生たちが、ガザ地区での停戦に加え、大学の指導者らに対し、イスラエル関連の投資引き揚げを要求していることである。親パレスチナ派の学生グループは、イスラエルへの対抗手段として、「ボイコット、投資引き揚げ、制裁（BDS）」運動を支持するよう大学に呼びかけてきたという経緯がある。

アメリカの大学はファンド（基金）を持っている。さまざまな企業などに投資して、その収益で大学を運営し、学生の活動を援助している。大学のファンドがイスラエル企業に投資することをやめるよう、と大学生は要求したのである。

イスラエル資本の企業や関連企業は膨大な数にのぼる。それを精査すること自体、不可能に近い。学生の要求に応えるべく努力すると回答した大学も一部あるが、あくまでも「努力目標」である。実際にファンドからイスラエル企業を排除できるかどうかは不明である。

5　イスラエルの選択

国民の支持を受けていないネタニヤフ首相

2024年9月1日、イスラエル各地で大規模なデモが起きた。ガザ地区での戦闘を継続するベンヤミン・ネタニヤフ首相に対する抗議デモである。テルアビブでのデモの規模は約30万人。イスラエル軍とハマスの戦闘が始まって以降、最大規模である。

その前日、イスラエル軍は人質6人の遺体を発見した。軍到着直前にハマスに殺害されたとみられる。停戦と人質解放交渉が合意に至っていれば殺害を防げたはずだ。イスラエル国内でも停戦交渉で妥協するようネタニヤフ首相に求める声が高まっている。

JETROビジネス短信がデモの様子を次のように報じている。

デモは連日行われ、9月7日のデモには約50万人が参加した。イスラエル紙「タイムズ・オブ・イスラエル」は9月8日に、「イスラエル史上最大のデモ」と報じた。9月9日にネタニヤフ首相は、「私は最も大切なものを失った人質家族の苦悩を聞いている。私は人質を取り戻し、戦争に勝つために全力を尽くしている」との声明を発表した。

ネタニヤフ戦時内閣の発足と解散

イスラエルでは約3年半の間に5回の総選挙が行われている。2021年3月の総選挙では、反ネタニヤフ連立内閣が発足した。2022年11月の総選挙では、ネタニヤフ元首相が率いる右派「リクード」が第一党となった。第6次ネタニヤフ政権が発足した。

ハマスとの戦争開始3日後の2023年10月10日、リクードは主要野党と挙国一致内閣を樹立すると発表した。11日にイスラエル国会は戦時内閣の設置を承認した。ネタニヤフ首相、ヨアブ・ガラント国防相、連立与党「国家団結」のベニー・ガンツ代表の3人からなる「戦争内閣」が発足した。戦争の遂行に関係ない法案や政府決定は一切凍結されることなども発表された。

ちなみに、2024年5月20日には、戦時内閣のメンバーのネタニヤフ首相とガラント国防相に対して、国際刑事裁判所から逮捕状が請求された。その2日前の5月18日には、ガンツ氏はネタニヤフ首相が戦後のガザでの計画を3週間以内に提示しない場合は戦時内閣から離脱すると警告し、6月9日に離脱した。同年6月16日に戦時内閣は解散した。

2022年総選挙で成立した極右内閣

イスラエルの国土面積は約2・2万平方キロメートル。日本の四国程度の大きさで、人口は約990万人（2024年5月）である。

イスラエルの総選挙は「厳正拘束名簿式完全比例代表制」で行われる。定数は120議席。選挙権は満18歳以上のイスラエル国民に、被選挙権は満21歳以上のイスラエル国民にそれぞれ与えられている。登録有権者数は約660万人である。「厳正拘束名簿式完全比例代表制」の下では、総選挙での各政党の得票率がほぼそのままイスラエル国会（クネセト）の議席配分に反映される。得票率3・2

5％未満の政党には議席が配分されないが、少数政党でも議席を得ることが容易になる。小党乱立に陥る可能性が高くなるため、多数の政党からなる連立政権を組んで国会の過半数を確保しなければならない。

キャスティング・ボートを握った弱小政党が過大な政治的影響力を行使することができる。その弊害を除去するために、1992年に首相公選制が導入された。しかし、事態は変わらなかった。2001年3月に首相公選制は廃止された。

2022年11月1日、第25回イスラエル国会選挙では、野党リクードが32議席を獲得して第一党となった。リクードの党首であるネタニヤフ氏は、シャス党(11議席)、宗教シオニズム(7議席)、統一トーラー(7議席)、ユダヤの力(6議席)、ノアム(1議席)との連立政権を発足させた。過半数64議席を占める右派・極右連合内閣である。

反ネタニヤフ派は人質解放優先

　ネタニヤフ首相はイスラエル国民全体から支持されているわけではない。２０２１年の総選挙では、反ネタニヤフで一致した内閣が成立している。２０２２年の総選挙では議席数は増やしているものの、得票率は減らしている。極右政党を総結集した第６次ネタニヤフ政権は不安定な基盤の上に立っている。

　仮に、「反ネタニヤフ」政権が再び誕生すれば、かつてアメリカが仲介してパレスチナとイスラエルが合意したように、二国併存に賛成する可能性はある。イスラエルは人質事件で一時的にはハマスに対する国民的怒りが盛り上がった。しかし、６人の人質が死亡したことによって、ネタニヤフ政権の交渉の仕方に間違いがあると思い至った国民も多い。それが大規模デモを生んだのである。

　反ネタニヤフ派は、「平和主義」を掲げて、ハマスとの交渉の席に着こうとするだろう。ガザでは多数の市民が死亡した。それを見た子供たちがテロリストとして成長していく。そういう悪の連鎖を断つためには、人質解放を前面に出した交渉が大事だと考える。ある程度譲歩しても、人質救出を最優先に考えるべきだ。そういう声が大きくなっていく可能性はある。

今回の戦争では、ハマスが先制攻撃を仕掛けたが、その後はイスラエル国内で戦争が続いているわけではない。イスラエルがガザ地区でハマス撲滅を掲げて戦っている。ハマスはパレスチナ市民の間に隠れている。ハマス撲滅を掲げて戦争を続けることは、現実的ではない。仮にそうすることができたとしても、相当数のパレスチナ人が犠牲になる。

それは、イスラエルが世界の世論からはじき出されることを意味する。戦闘を中止すればハマスは生き残るかもしれない。しかし、ひとまずはイスラエル人やアメリカ人などの人質を救出することが優先されるべきである。それでもイスラエルは、2024年10月17日にもハマスの最高指導者殺害を決行し、引き下がる様子はない。

自制を続けるイラン

イスラエルはガザ地区での戦闘を中断する気配はない。イスラム教シーア派組織ヒズボラへの攻撃も激化させている。2024年9月27日、イスラエルはレバノンの首都ベイルート南部の空爆で、ヒズボラの指導者を殺害した。ヒズボラは長年にわたり、イランから資金面と軍事面で強力な支援を受けている。

この事態を受けてイランは、国連安全保障理事会の緊急会合開催を求めた。イスラエルが中東の周辺地域を全面的戦争に引きずり込むことを避けるため、イスラエルに対して「断固たる行動」をとるよう求めたのである。

2024年7月には、テヘランでハマスの指導者がイスラエル軍によって殺害された。そして、今回の事件が起きた。イランは必ず報復すると言ってはいるが、大きな報復は行っていない。ある意味イランは自制している。イランに対するいかなる攻撃も許さないという声明を出してはいるが、軍事行動は控え目だ。

2024年4月には、シリアの首都ダマスカスにあるイラン大使館の一部がイスラエルによって攻撃され、イランの軍事関係者7人が死亡した。イランはミサイルでイスラエルを攻撃したが、アメリカが迎撃した。イスラエルには何の被害もなかった。イランは反撃したことで、一応のメンツを保った。そういうかたちで、事態を収拾させた。

ある意味大人の対応だった。イスラエル・パレスチナ戦争でイランが前面に出てきた場合には、アメリカも直接介入せざるを得なくなる。それだけは避けたいと、イランもアメリカも思っている様子をうかがえる。

ハマスのやり方も非難されなければならない

ところで、日本ではパレスチナ戦争の悲惨さが報じられる。誤解を恐れずに言えば、「パレスチナ＝善、イスラエル＝悪」という報道である。日本では報じられることは少ないが、ハマスにも二つの大きな非があることを指摘しておきたい。

一つは、すでに指摘したように、先制攻撃を仕掛けたことである。２０２３年

10月7日午前6時半頃、ハマスはガザ地区から大規模なロケット攻撃を仕掛けた。ハマス側は5000発以上、イスラエル側は2200発以上と発表している。同時に、ハマス戦闘員がイスラエル側に侵入し、住宅地域や軍事基地を攻撃した。イスラエル南部レイムで行われていた音楽祭を急襲して、外国人や子供を含む1000人以上を殺害した。子供30人を含む約250人が人質としてガザ地区に連行された。

もう一つは、パレスチナの罪もない人たちを、イスラエルからの攻撃の盾にしていることである。それ以外に方法がないことは確かである。一般の人たちの中に紛れ込めば、イスラエルは攻撃を激化させ、犠牲者はさらに増えることになる。パレスチナの犠牲者が増えれば、国際世論がイスラエルを非難することになる。まさに思う壺であり、それがハマスの狙いなのである。事情はどうあれ、ハマスのやり方も大きく非難されるべきである。

2024年8月9日に長崎で行われた平和祈念式典にG7の大使全員が欠席

した。多くの日本人にはその理由がよくわからなかったかもしれない。イスラエル大使を招待しなかったからである。長崎市の鈴木史朗市長は政治的な理由ではなく、安全面を考慮した結果と弁明したが、国際社会はそういう受け取り方はしなかった。

国際秩序における一国の存立の問題には、人権だけでは語れない部分がある。長崎の出来事は、正義の複雑さを如実に表している。

第4章

アメリカと中国の関係

バイデン政権は中国に対するトランプ関税を継続し、エスカレートさせた。大統領候補のトランプ氏は中国製品に60％の関税を課すと豪語している。現実的には見えないので、交渉カードにでもするつもりなのだろうか。バイデン氏は中国とのパイプは保ちつつリスク・コントロールし、「スモールヤード・ハイフェンス」を目指すとした。「小さな庭に高いフェンスを設ける」という意味である。重要な先端技術分野を「小さな庭」の範囲に特定し、その分野の技術を流出させないために「高いフェンス」を設けて厳格に管理する。軍事分野を含めて急速な技術進歩を遂げている中国に対して、日本をはじめ同盟国も歩調を合わせている。ただし、ハリス氏の対中国政策は未知数とされ、大統領候補としては課題があった。

もしも台湾について「抑止」を目指すなら、「断固台湾のために戦う」と言わねば抑止にならない。バイデン氏の発言にはその痕跡がある。状況対応型のトランプ氏は、台湾をカードにする可能性も残る。同時に、「中国が台湾封鎖を行ったら150～200％の関税をかける」とも豪語する。ハリス氏はバイデン路線の継承が想定されていたものの、彼女には経験が不足しているため真意はまったく未知数だった側面があり、選挙の敗因となった可能性がある。

1 大統領選挙とアメリカの対中国政策

トランプ氏は対中国輸入関税60%

２０２４年の大統領選挙を通して、共和党と民主党は競うように中国への強硬姿勢を示していた。党大会の演説では、共和党のトランプ候補も民主党のハリス候補も同様に中国に対して強硬な姿勢をとると明言した。9月10日に行われたテレビ討論会では、トランプ氏もハリス氏も中国に言及した。双方とも、中国に強く対抗することが強いリーダーシップを意味すると考えているようであった。

その背景にはアメリカ社会に渦巻く不満がある。経済的な不満、インフレに対する不満、雇用の不満、アメリカが脅かされる不安等である。トランプ氏もハリス氏も、問題の所在に中国の存在を掲げた。

２０２４年２月にトランプ氏は、自らが大統領選挙に勝利すれば中国からの輸入品に60％を超える関税を課すと述べて大きな話題になった。８月には、中国がイランとの貿易を継続するのであれば１００％以上の輸入関税になるとエスカレートしている。対中国だけではなく、すべての国からの輸入品にも課すとした一律10％の追加関税を20％に引き上げている。

トランプ氏は大統領任期中の２０１８年から２０１９年にかけて中国との間で「関税合戦」を繰り広げた。第一弾は、２０１８年７月に産業機械など中国製品に25％の関税を上乗せしたことである。輸入総額は３４０億ドル（当時の為替レートで約３兆８０００億円）であり、中国による知的財産権侵害に対する制裁措置という名目だった。中国も大豆などのアメリカ製品に報復関税をかけた。その後も、輸入総額が１６０億ドル相当の半導体などに25％の追加関税を発動し、中国は古紙などに25％の関税を上乗せするなど、関税合戦は２０２０年まで続いた。

トランプ氏は「交渉カード」に使うのではないか

関税とは、輸入品に一定の税率を付加することである。関税分はとりあえず海外の輸出企業が支払う。税金はアメリカの国庫に納められる。海外の輸出企業は課税分を価格に転嫁する。商品の価格は値上げされる。結局のところ、アメリカ国民は「値上げ」という負担を負うことになる。

そこで、アメリカの消費者は中国製品を避けるようになるかもしれない。アジア経済研究所のレポートによれば、中国からの輸入品の関税率が60％に引き上げられた場合、「衣類等」「履物・帽子・傘」「各種の貴金属製品」「玩具・雑品」などで、中国からの対米輸出が大きく減少する一方で、これらの産業でＡＳＥＡＮ（東アジア諸国連合）諸国からの輸入が拡大する。

一方の中国は、60％の関税に対して、商品の売り値を60％オフで対抗するかもしれない。中国製品の価格は据え置きになり、アメリカ国民もこれまで通りの安い価格で中国製品を買うことができる。その結果として、ＡＳＥＡＮ諸国やアメリカの製造業は疲弊するということになるのかもしれない。

２０２４年2月にトランプ氏は、アメリカのニュース専門放送局「ＦＯＸニュース」のインタビューで、「中国との間で再び貿易戦争を始めるのではないか」との見方を否定し、「貿易戦争ではない。中国とは何でもうまくやった」と主張している。トランプ氏は60％関税を中国との「交渉カード」にしたいと思っているのが本音のようだ。

さらにトランプ氏は、9月10日のハリス氏とのテレビ討論会で、値上がり分を支払うのはアメリカ国民ではないと述べている。中国やＥＵ、日本など、これまでアメリカに「おんぶに抱っこ」だった国がそれを支払うというのである。それに対してハリス氏は、結局のところ「トランプ税」であり、アメリカ国民が負担することになると反論した。トランプ氏は不快感をあらわにして、次第に自制心を失っていった様子が見て取れた。

トランプ関税を継続・強化したバイデン政権

アメリカには「通商法301条」がある。1974年に制定されたアメリカ通商法の条項の一つで、貿易相手国の不公正な取引上の慣行に対する協議や、問題が解決しない場合の制裁について定めている。アメリカ通商代表部（USTR）が不公正貿易と判断した場合には、大統領権限で関税引き上げなどの報復措置を実施できる。

1988年の「包括通商・競争力法」でその改正・強化が行われ、相手国の組織的な貿易慣行の除去を目的とした「スーパー301条」が盛り込まれた。1980年代から90年代には、日米貿易摩擦が激化して、日本の半導体や自動車補修用部品などについて「通商法301条」と「スーパー301条」が適用された。ちなみに、「スーパー301条」は2001年に失効している。

2018年7月に、トランプ政権は、「通商法301条」に基づいて、中国原産品に対して追加関税を賦課した。中国の強制的な技術移転など不公正な慣行に対抗することを目的とした課税である。「トランプ関税」と呼ばれることもある。トランプ氏は他にも通商拡大法第232条という国家安全保障にかかわる理由で鉄鋼やアルミニウム製品に関税をかけ、これは日本や欧州の同盟国も対象になった。

そしてバイデン大統領は中国に対する「トランプ関税」には手をつけることなくそのまま継続している。2024年6月時点では、1万以上の品目に対して、7・5～25％の追加関税が賦課されている。

またバイデン大統領は中国に対する制裁をさらにエスカレートさせている。2024年9月には、中国の不公正な貿易からアメリカの労働者を守ることを目的として、中国製のEV（電気自動車）への関税を25％から100％へと4倍に引き上げた。さらに、EV用のリチウムイオン電池への関税を7・5％から25％に、太陽光発電設備への関税を25％から50％にそれぞれ引き上げた。

バイデン政権の「スモールヤード・ハイフェンス」

バイデン政権は発足後に、アメリカの輸入品の仕分けを商務省に命じている。ハイテクや安全保障に関連する分野と、それ以外の分野の商品を明確にする仕分け作業が行われたのである。

アメリカでは2021年前半からインフレ率が上昇し、2022年には約8%を記録した。新型コロナ禍やウクライナ戦争による原油・天然ガスの高騰による影響も顕著になった。アメリカの経済や安全保障には脅威にはならない中国製品に関税をかけないようにすれば商品価格が下がると、バイデン政権は当初考えていた。安価な製品を必要とするのは、比較的収入の低い人たちだからである。仕分けは低所得の人たちへのインフレの打撃を減らそうという意図があったのだ。

仕分けの検討結果は出た。一時は対中国輸入関税を引き下げるような雰囲気も出てきた。しかし、2022年には中間選挙があり、2024年は大統領選挙となる。ウクライナ支援が優先され、連邦議会の審議も滞った。歳出法案審議が遅れ、ガバメントシャットダウンの恐れも出ていた。債務上限の審議など、政治資源をそがれる懸案が立て続けにあった。特に政治的に、中国に対して甘いという批判を全面的に受けるわけにはいかなかった。それどころかバイデン大統領は選挙を前に、トランプ氏に輪をかけた形で、中国に対する輸入関税を増やしていったのである。

バイデン大統領が、中国とはパイプを保ちながらも、リスク・コントロール可能だとした。「スモールヤード・ハイフェンス」はその複雑な政治環境を物語っている。

2　中国に対する警戒感を高めるアメリカ

オバマ政権の頃までのアメリカの対中国政策

中国とロシアはともに独裁国家である。ウクライナ戦争で親密な関係になった。

しかし、互いに心底信頼しているとは必ずしもいえない。総延長4210キロメートルの国境線で接していて、領土問題や過去の歴史問題などの多くの懸案事項を抱えている。

1970年代初めにヘンリー・キッシンジャーが中国との国交をはかった背景はそこにある。冷戦下の当時、アメリカにとっての脅威はソ連の台頭だった。ソ連をおさえるために、発展途上だった中国をアメリカに引きつけておく必要があると考えたのである。アメリカは、中国が民主主義国家陣営に加わることを期待した。そのためには、中国が経済的に豊かになる必要がある。そう考えて、アメリカは中国を支援してきた。中国とのシャトル外交を行い、中国を抱き込もうという大局的な戦略だった。

1989年12月に、アメリカのジョージ・H・W・ブッシュ大統領とソ連のミハイル・ゴルバチョフ書記長の両首脳が、地中海のマルタ島で会談して「冷戦の終結」を宣言した。第二次世界大戦の戦後世界を規定した「冷戦」は終わった。

冷戦終結後も、アメリカの対中国政策は変わらなかった。

同じ対中国戦略は、第一次オバマ政権の頃まで続いた。アメリカの企業も投資家も中国に投資して、工場を建設し、さまざまな技術移転も行った。同じ時期、日本は戦争の「贖罪《しょくざい》」の意味もあって、戦後から中国への投資と技術移転を進め続けた。こうして中国は２００１年12月には世界貿易機関（ＷＴＯ）に発展途上国の特権を受けて加盟した。これは中国の経済成長にさらに大きく寄与し、世界貿易システムへの統合を加速させたのだが、未だに発展途上国の特権を返上せず、ＷＴＯ内で制度摩擦を引き起こしている。

２０１０年に中国のＧＤＰは日本を抜いて、世界第二の経済大国となった。中国では「新型国際関係」という言葉が使われた。アメリカと中国という二つの大国（Ｇ２）が世界をリードすることを意味している。米中二極体制の主張は中国の自信の表れである。しかし、アメリカは中国民主化の希望は捨てていなかったものの、Ｇ２の概念は受け入れていない。中国の台頭は認めつつ、アメリカに利益をもたらす可能性がある対象とされ、また環境問題等では協力すべきだが、米中二極体制を敷くことには否定的であった。

アメリカの対中国政策の大転換

２０１２年に習近平体制になって以降、中国は様変わりした。アメリカの対中国観も大きく変わった。中国側では、「米中二大強国」という言葉が使われるようになった。その後、マスコミなどでも米中関係の重要性が認識され、首都ワシントンのシンクタンクでも盛んに中国との関係が議論されるようになる。

そして、オバマ政権の終盤に重大な転機が訪れた。中国は、南シナ海を要塞化し、軍事基地化する動きを見せたのである。オバマ氏がそれに懸念を表明し、習近平氏は「絶対にしない」と約束した。ところが、それは嘘だった。中国はすでにスビ礁などの七つの岩礁を埋め立てて人工島を造成し、実効支配していた。南シナ海は、原油や液化天然ガス（ＬＮＧ）を輸送するための重要な航路である。

中国は人工島を軍事拠点化して南シナ海の支配強化を狙っている。

スリランカではハンバントタ港が2017年7月から99年間にわたって中国国有企業にリースされることが決まった。ハンバントタ港は中国による「債務の罠」の典型例である。インフラ建設などを行うために中国から多額の融資を受ける。しかし、施設は十分な利益を生むことはなく、借金が膨らみ、返済不能になる。そこで、施設や土地を中国に明け渡さざるを得なくなるという仕組みである。

アメリカの対中国政策が中国を豊かにし民主主義にも導くという想定は大きな間違いだったことが明らかになった。アメリカ政府は、対中国政策に失敗したのである。

2016年の大統領選挙に勝利したトランプ氏は、その失敗を明確に認めたことに大きな功績があったといえる。一気にアメリカの中国観を変えることにつながったのだ。トランプ政権は中国を「戦略的競争相手」と定義し、経済や軍事において競争的な立場を強調した。一方、バイデン政権も中国を「最大の競争相手」としつつ、協力の可能性も視野に入れたアプローチとなった。トランプ政権の末期頃からは、輸出管理や資本市場規制、中国製品の排除命令など、中国との経済関係を規制する政策を矢継ぎ早に発表した。

2020年11月には、中国軍と関係する中国企業31社に対しての投資を禁止する大統領令に署名している。強大化する中国の軍事力がアメリカやアジアの安全保障にとって重大な脅威になるとの危機感からである。トランプ政権についてはアメリカの分断を加速させたという評価もある。しかし、中国を再定義したことは、トランプ政権の最大の貢献だろう。

中国の覇権主義を批判

決定的な転機は2020年に起きた。7月23日に、マイク・ポンペオ氏が異例の厳しさで、習近平国家主席による覇権主義を批判したのである。ポンペオ氏は、トランプ政権で2018年4月から2021年1月まで国務長官を務めた人物で

である。

演説した場所は、カリフォルニア州にある「リチャード・ニクソン大統領図書館」だった。リチャード・ニクソンは1972年2月、アメリカ大統領として初めて中国を訪問した。当時の毛沢東中国共産党主席や周恩来国務院総理と会談して、米中関係を「対立」から「和解」へと転換した大統領として知られている。「リチャード・ニクソン大統領図書館」は米中関係の象徴的な場所だった。ポンペオ氏はあえてその場所を選んで、中国の「脅威」を指摘したのである。

それ以前にもポンペオ氏は、中国の新疆ウイグル自治区でのウイグル族への弾圧を「ジェノサイド」かつ人道に対する罪と認定したと発表している。日本の尖閣諸島、ベトナム沖（西沙諸島）の南シナ海進出、ブータンとの国境問題など、領土紛争を煽る中国の姿勢を批判している。

2021年12月には首都ワシントン郊外で、日米韓の専門家や高官による会議も開かれた。韓国シンクタンクによる主催だったが、国際政治学者のジョセフ・

ナイ氏、知日派のリチャード・アーミテージ氏、アメリカ国家安全保障会議（NSC）インド太平洋調整官のカート・キャンベル氏など私にとっては懐かしいメンバーが一堂に会するものとなった。会議では、中国の脅威に対する強い警戒感が共有され、肌感覚でもその強さが伝わってきた。

アメリカの対中政策は明らかに大きく転換した。中国に対する寛容度が著しく低下したといえる。

アメリカ国民の大多数が中国に警戒心を抱いている

いまやアメリカ国民の多くは中国に対する大きな警戒感と不信感を抱いている。それは、世論調査にも如実に表れている。

ギャラップ社が行った調査によれば、中国に対する好感度は急落した。2018年には、民主党支持者の60％、共和党支持者の40％が中国に対して好意的だった。ところが、2023年3月時点では、「好意的」と回答したのは民主党支持者の18％、共和党支持者に至っては6％に低下した（次ページ図）。圧倒的多数のアメリカ人が中国に対して不信感を抱いているということである。

ギャラップが2024年3月に発表した世論調査によると、「米国にとって最大の敵国はどこか」という設問に対し、41％が「中国」と答えている。中国は4年連続で「敵国」の首位である。2番目に多かったのはロシア（26％）だった。

ピュー・リサーチセンターも中国に関する世論調査を行っている。2023年3月に、約3500人を対象に行った調査では、38％が中国を「敵」と考えている。前年の調査から13ポイント上昇している。アメリカ国民は、中国を「競争相手」ではなく「敵」と見なす傾向を強めているということである。同年7月に発表した「アメリカの脅威となる国などに関する世論調査」では、将来アメリカにとって最大の脅威になる国として「中国」と回答した割合が50％に達している。2位は「ロシア」で17％だった。2019年の調査では、「中国」と「ロシア」が同率の24％だった。

アメリカ国民の対中意識の変化：支持政党別

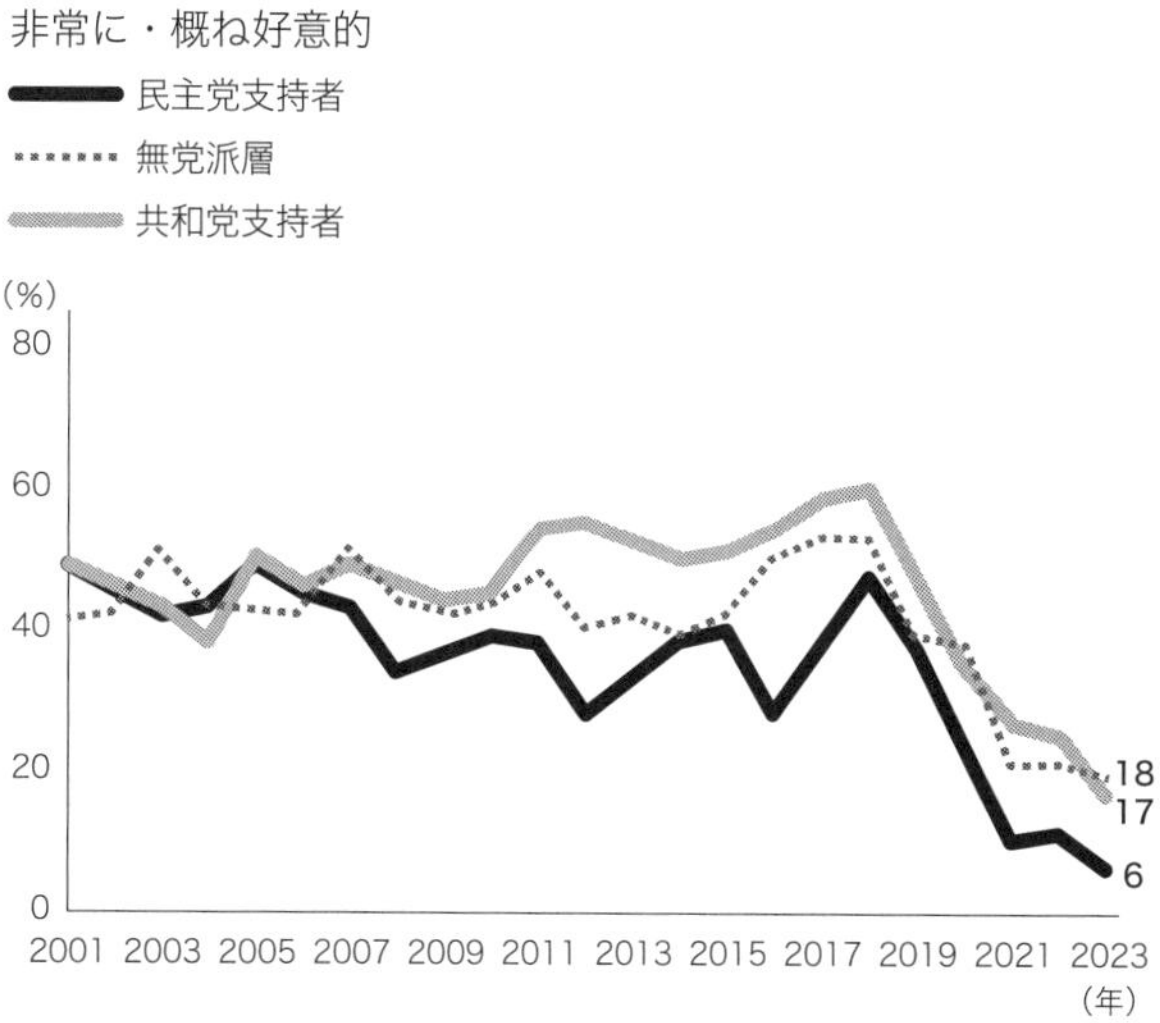

出典：ギャラップ,"Record-Low 15% of Americans View China Favorably,March7,2023"

トランプ氏が共和党支援者たちの歓心を得たいと思えば、中国に対する厳しい姿勢を示すはずである。ハリス氏も同様である。中国に好感を抱いている人は、共和党に比べれば多いものの、民主党支持者の多数派も中国に警戒心を抱いている。したがって、中国に対する警戒心を弱める政治家はほぼいない。アメリカの対中国政策は、より厳しくなる可能性がある。

先進諸国の中国への警戒感は高まっている

中国に対する警戒感は先進諸国でも広がっている。

ピュー・リサーチセンターは、2024年7月に、「中国のイメージに関する世論調査」を発表した。アメリカやカナダ、ドイツやフランス、イギリスなどのヨーロッパ諸国、そして日本やオーストラリア、韓国、台湾など世界主要先進35カ国・地域で、約2万人の成人を対象にした調査である。

特筆すべきは、15カ国・地域において中国に対する「否定的な見方」が過半数を占めたことである。最も高かったのは日本（87％）であり、次いでオーストラリア（85％）、スウェーデン（82％）、アメリカ（81％）、ドイツ（76％）だった。一方、中国を「好ましい」と回答したのはタイ（80％）、ナイジェリア（75％）、ケニア（73％）、チュニジア（68％）、シンガポール（67％）、と続く。

先進国の中で中国に対する否定的な意見の割合は、2002年から2018年頃までは比較的安定的に推移していた。しかし、2019年から2020年にかけて急激に悪化した。中国発の新型コロナウイルスやアメリカとの貿易摩擦、中国の強圧的な外交姿勢、南シナ海における軍事力増強などがきっかけになった。

アメリカでは中国に「好ましくない見方」を持っている人の割合は、2020年の79％から2024年は81％に上昇している。かつてはアメリカ人よりも日本人のほうがずっと中国に対する警戒感、不信感が高かった。尖閣諸島や台湾の問題があるからである。アメリカはようやく中国の脅威に気づいたということになる。

ちなみに、ギャラップが2024年3月に発表した世論調査では、アメリカ人が他国に対して抱いている好感度についても聞いている。それによれば、イギリスや台湾など21カ国・地域のうち、日本に「好感を持つ」と回答した人が83％であり、カナダと同率で首位となった。日本人に対するアメリカ人の親近感は明らかに高まっている。

アメリカ人の日本人観と中国人観

私がアメリカで暮らしていた時のことである。初対面のアメリカ人から聞かれるのは、「韓国人か」という質問だった。アメリカは1950年から1953年にかけて朝鮮戦争を戦った。その関係もあって、韓国から逃れてきている韓国系アメリカ人が多いという事情があるからである。韓国人ではないと答えると、次に「中国人か」と聞かれた。

アメリカには2種類の中国系アメリカ人がいる。一つは、習近平氏の体制を支えようとしている人たちである。もう一つは、独裁制に反発してアメリカに逃れてきた人たちである。親が中国から逃れ、自身はアメリカで生まれ育ち、アメリカの精神を理解している中国系アメリカ人も含む。その違いは、話の内容をある程度聞くとわかってくる。ただし、後者のふりをしているスパイもいる。したがって、中国系アメリカ人に対する警戒感は強い。

状況は様変わりした。連邦議会やホワイトハウスで仕事をしている人たちや、ワシントンのシンクタンクで仕事をしている政策通の人たちは、中国人と日本人を明らかに区別して対応する。仮に私が中国籍であれば、仲間には入れてくれないし、話す内容も違ってくる。

国務省やCIAに中国室が設置される

3、4年前の話だが、ホワイトハウス高官を務めた後に独立してコンサルティングファームを立ち上げた私の友人が、ある日、突然FBI（アメリカ連邦捜査局）の捜査を受けた。ホワイトハウスにかつて働いていた人たちのコミュニケーションを中国のハッカーが盗み取るケースが増えたからである。ホワイトハウスに直接侵入するのは難しいが退職者を探れば本丸に辿り着ける。現職も前職もホワイトハウスの人材は、アメリカの政策の方向性や機密情報に通じている。彼らのパソコンに残る会話やちょっとした情報からは、アメリカの政策の方向性を手っ取り早く知ることにつながる。中国のハッカーはそう判断しているらしい。

２０２１年10月に、ＣＩＡ（アメリカ中央情報局）は「中国ミッションセンター」（ＣＭＣ）を設置した。中国を重要な脅威と位置づけた新たな部署である。ＣＩＡ内での中国に対する活動を統合し、全局的な対応を可能にするためである。２０２２年12月には、国務省に「中国調整室」が設置された。通称「チャイナハウス」で、対中政策の調整に当たる専門部署である。２０２３年１月に、連邦議会下院に「米国と中国共産党間の戦略的競争に関する特別委員会」（中国特別委）が設置された。議員によるパフォーマンスの場だという批判も聞くが、それでも議会の大きな変化を物語って余りある。

中国をターゲットにした国防権限法

2023年4月、FBIは2人の中国人を逮捕した。ニューヨークに「警察署」を違法に設けて運営に関与した容疑である。中国で国務院の所管である警察業務を担当する公安省中国公安当局と連携して、2人は、反体制派の監視に活用していたという。

連邦議会では「国防権限法」(National Defense Authorization Act)で中国に対する警戒を強めている。国防権限法とは、連邦議会が毎年立法する国防予算に関する法律である。2018年8月に死去したジョン・マケイン上院議員の名にちなんで、「ジョン・マケイン国防権限法」と呼ばれるものもある。マケイン上院議員は生前、トランプ大統領を痛烈に批判していた。

2018年度の国防権限法では、中国への技術の流出を防止するため、中国通信機器大手の中興通訊（ZTE）と華為技術（ファーウェイ）に対する規制などが盛り込まれた。トランプ大統領が総額7160億ドルの国防権限法案に署名し、成立した。

国防権限法が中国をターゲットにするのは初めてのことだった。その後は毎年、対中国政策の予算が盛り込まれている。2023年度成立の国防権限法は、ウクライナ、イスラエルと台湾に対する支援の強化を目的とした予算8860億ドルが盛り込まれ、バイデン大統領が署名して成立した。

大学に忍び寄る中国の影

2020年1月には、アメリカ司法当局が、ハーバード大学化学部学部長のチャールズ・リーバー教授と中国人研究者2人を訴追した。リーバー教授は中国政府から約100万ドル（当時の為替レートで約1億900万円）の助成金を受け取り、中国側との関係について虚偽の申告をした。中国人研究者2人は中国のスパイだった。

中国政府は世界各国の大学等と提携して、中国語および中国文化に関する教育機関を設置している。「孔子学院」である。2019年末時点で162カ国・地域に550カ所が設置され、日本にも14カ所設置されている。中国への理解や友好関係の醸成を目的として掲げているが、実際には中国のプロパガンダ機関となっている。大学でも警戒・批判が強まり、閉鎖するケースが増えた。

アメリカでは、孔子学院がある教育機関などに対しては、安全保障に関わる学問や研究に補助金を出さないなどの対策をとっている。日本でもようやく学術分野で中国に対する警戒に目を向けるようになった。安全保障などの学問分野での補助金について、文科省が懸案を示すようになったのである。中国の研究者との共同研究の研究費の出どころや、研究成果について精査するようになった。共有とはいいながら、研究成果や情報が盗まれることが起きているからである。

学問分野で言えば、とりわけ「ハードサイエンス」の研究に従事している研究者たちへの注意喚起が目立つようになった。ハードサイエンスとは、物理学や数学・計算機科学等を中心とする分野を表す用語で、経済学、心理学、社会学などの社会科学は「ソフトサイエンス」と呼ばれる。

ハードサイエンスの分野では、サイバーアタックを受けて、最先端の研究や研究成果が盗まれることが頻繁に起きている。研究者に対して、注意喚起が日常的になされている。例えば、アメリカのＭＩＴ（マサチューセッツ工科大学）では、最先端のハードサイエンスの分野の大学院に中国人を入学させないようになったようだ。

3　安全保障と台湾問題

中国の台湾侵攻を懸念するアメリカ人は多い

最後に、台湾問題についてである。アメリカの有権者は台湾問題をどのようにとらえているのだろうか。「シカゴ世界問題評議会」の世論調査を参考に考えてみよう。シカゴ世界問題評議会は、世界の重要な問題に関して調査分析し、政策提言を行うアメリカの超党派のNPO組織である。

シカゴ世界問題評議会が2022年3月と7月に実施した調査によれば、民主・共和両党それぞれの支持者は、今後10年間でアメリカの利益に対して「中国の領土的野心」が潜在的で死活的な脅威となると答えている。ここで「中国の領土的野心」とは台湾を指す。

シカゴ世界問題評議会が2022年7月から8月にかけて実施した世論調査によれば、「ロシアによるウクライナ侵攻を先例とみなして中国は台湾侵攻に勢いづく」と考えているアメリカ人は76％にのぼる。中国の台湾侵攻を懸念するアメリカ人は意外にも多いのである。ギャラップ社が2023年2月に実施した世論調査でも、アメリカの共和党支持者の8割、民主党支持者の5割が、中国の軍事力と経済力を脅威とみなしているという結果が出ている。

アメリカの制度は民主主義であり国民がリーダーを選ぶ仕組みである。国民がどう感じているのかは選挙に反映され、政治家はそれを頭に入れながら政策を考える。民主主義国家にとっては結局のところ、国民がどう考えているかが大事なのである。

中国に対する「抑止力」が必要

イランとアラビア半島の間にあるホルムズ海峡は、サウジアラビアやイランなどのペルシア湾沿岸諸国で産出する石油の重要な搬出路である。ホルムズ海峡を通る日本の関係船舶は年間約２９００隻にのぼる。輸入量の９割を中東に依存する原油のほとんどがホルムズ海峡を通ってタンカーで運ばれてくる。中東情勢が緊迫すれば、日本は大きな影響を受けることになる。

同じロジックが、台湾海峡でも当てはまる。台湾海峡は海上輸送のルートになっているからである。台湾海峡が封鎖されると、海路で運ばれる物資や資源が滞る。船舶会社にとっても痛手である。迂回路には危険が伴い、保険料が高騰する。さらに船員も危険を忌避し集まらなくなる。台湾海峡は経済的に重要な役割を果たしている。台湾は日本にとって地政学的に重要な位置を占めているのである。

では、どうすればいいのか。日本や韓国などの関係国が、台湾のために断固戦うと宣言し、信憑性（クレディビリティ）を示すことで抑止することである。定期的に合同演習を行う。同盟国としてアメリカからの武器供与を受ける。さまざまなエビデンスを見せつけて、信憑性を高める。そして、実際に台湾のために戦うという意思表示を明確にすることである。そうすることによって「抑止力」を高めることができるのである。

ウクライナがロシアからの侵攻を受けたことも同じロジックで考えることができる。すでに2章で指摘したように、「抑止」が利かなかった。些細な出来事が大問題に発展する。ウクライナの場合は、クリミア半島をロシアが併合したことがきっかけになった。戦争は始めるのは容易だが、停戦することは難しい。戦争を起こさないためには、「抑止力」が必要なのである。抑止に失敗は許されない。抑止が失敗すると悲惨な事態に陥るからである。

トランプ流の「抑止」と安全保障研究者の「抑止」

台湾についてトランプ氏は損得勘定で見ている節がある。アメリカから半導体の生産能力を奪ったのは台湾だという。台湾までの距離は7134マイル（1万1481キロメートル）で、アメリカから遠い国であるともいう。台湾と中国南東部の距離は約160キロメートル。日本の与那国島からは約110キロメートルで、東京・熱海間ほどである。トランプ氏は、台湾に対して断固とした抑止を利かせようとは思っていないようにも思える。

トランプ氏が目指す「抑止」は、安全保障研究の専門家たちのあいだで常識になっている「抑止」とは異なる。トランプ氏は、もし自分が大統領になれば、中国の台湾侵攻は起きないと言う。自らが大統領であればウクライナの問題は起きなかったとも言う。イランに圧力をかけていたから、イスラエルによるガザ侵攻も起きなかったとも言っている。相手に対して強く出て脅しをかけること、あるいは自分が大統領であるという事実だけで大丈夫、それが「抑止」だと考えているように聞こえる。自らの強さや断固たる態度を持つトランプ氏は、「自分が何をしでかすかわからない」ということを相手に示すことで「抑止」力を確保できると踏んでいるかのようだ。

トランプ氏は、イランに対して厳しい態度をとっている。そういう態度を鮮明にすることが、大統領選挙などでキリスト教右派の票に結び付いている。中国に対して60％の関税をかけるというのも、選挙での票と交渉カードを見込んでのことだろう。

アメリカ合衆国憲法修正第22条では、「何人も、2回を超えて大統領の職に選出されてはならない」と定めている。初代大統領のジョージ・ワシントンは、慣例として、大統領の任期を2期8年とした。その後、ほとんどすべての大統領はこれに従った。この慣例を覆したのは、フランクリン・ルーズベルト大統領だった。12年間大統領職にあり、13年目に入って早々に死去した。そこで、連邦議会は1947年にこの修正条項を可決したという経緯がある。

憲法修正第22条の下では、最長10年まで大統領職を務めることが可能である。前任者の任期の残りが2年以下の時に引き継いだケースである。2024年大統領選挙でトランプ氏が勝利したが、任期は4年間であり、3期目はない。ただ憲法に対しても「何をするかわからない」トランプ氏である。その後のことは不明である。

習近平主席を脅したトランプ氏

実は、トランプ氏が「何をしでかすかわからない」ことを中国の習近平国家主席は実際に経験している。

2017年4月のことである。トランプ大統領は、習氏夫妻を夕食会に招いた。場所は、フロリダ州パームビーチの会員制リゾート「マールアラーゴ」だった。

当時、トランプ政権は、イスラム教スンニ派過激組織「イスラム国」(IS)の撲滅を優先させ、シリアのアサド政権の存続を容認する発言を繰り返していた。しかし、アサド政権が化学兵器を使って多数の自国民を殺害したことを知り、シリアに対する態度を一変させた。習氏と夕食を共にしていた時、トランプ氏はすでにシリアの空軍基地に対する巡航ミサイル攻撃を命令済みだった。

報復攻撃は実行された。トランプ氏は夕食の間、国家安全保障会議(NSC)高官から攻撃の進展状況を聞くなどしていた。夕食後の「デザート」として習氏にシリア攻撃の戦果を誇示した。核・弾道ミサイル開発に邁進する北朝鮮の「後ろ盾」として金正恩体制を支える中国に対する重大な警告だった。習氏は驚愕したという。

夕食会を終えてトランプ氏は、シリアへの軍事攻撃を命令したことを正式に発表した。「アメリカが正義のために立ち上がる限り、最後には平和と調和が広がっていく」と語った。一方の習氏は、食事が終わるやいなや宿舎のホテルに引き返した。その後、習氏はトランプ氏を恐れるようになったということである。

トランプ氏の政策は「状況対応型」である。ある時点で良いと思われることをトランプ氏は行う。世界に占める中国の存在感は強大になっている。中国との関係を「状況対応型」だけで変えることは難しい。トランプ氏は、台湾について対中国政策のカードとして使えると考えているかもしれない。

例えば、バイデン政権は補助金をつけて半導体産業を保護している。そこで、アメリカに半導体製造能力が戻ってくれば、台湾は必要ない。共和党大統領予備選挙でそう発言したのは、ビベック・ラマスワミ氏だった。インド系アメリカ人のラマスワミ氏はバイオテクノロジー企業などを設立して、若くして巨万の富を築いた。予備選挙では、トランプ氏の「アメリカ・ファースト（アメリカ第一主義）」のさらなる推進を掲げていた。

台湾有事の際にアメリカ軍派遣はあるのか

2022年6月に、台湾の民間大手シンクタンク「台湾民意基金会」が興味深い世論調査結果を公表した。中国の台湾侵攻があった場合にアメリカ軍の派遣があると「信じていない」と回答した人が53・8％にのぼったのである。ロシアのウクライナ侵攻前に行った2021年10月調査では28・5％だった。

アメリカの「1979年台湾関係法」では、台湾を防衛するために軍事行動を行うかどうかは大統領が選択することとしている。アメリカ軍の介入は義務ではなく、オプションである。台湾への武器供与などは行うが、アメリカによる台湾の防衛を保障するものではない。すでに説明したように、当時のアメリカの対中国政策は「好意的」なものだったからである。

台湾有事への軍事介入を確約しないアメリカの外交安全保障戦略は「戦略的曖昧さ」(Strategic Ambiguity)と呼ばれる。バイデン政権はウクライナへの米軍派遣の可能性を否定している。台湾有事の際にもアメリカは同じ戦略に終始するのではないかという懐疑的な見方が広がっているのである。

台湾有事のシミュレーションと結果

中国は台湾周辺およびインド太平洋の地域で、アメリカを凌駕する海軍力を保持している。その海軍力と圧倒的な軍事力を使って、中国の台湾侵攻は十分に起こり得る。

2023年2月、アメリカの戦略国際問題研究所（CSIS）が台湾有事に関して行ったシミュレーション結果を公表した。戦略国際問題研究所はアメリカ政府や日本政府の意思決定に大きな影響力を持つシンクタンクである。2026年に中国が台湾に侵攻したときに起きるシナリオを「基本」「楽観」「悲観」に大別し、コンピュータを用いて計3350万回もの試行を重ねた結果である。

大部分のシナリオでは、台湾・アメリカ・日本は大きな損害を被るが、中国は台湾占領に失敗するという結果になった。台湾に侵攻した中国は、大きな代償を払うことになる。ただし、そのためには重大な前提条件がある。アメリカ軍が日本国内の基地をフルに使い、自衛隊もアメリカ軍や台湾軍をサポートすることである。日本国内の基地を使うことができないケースは「終焉シナリオ」と呼ばれる。そのケースでは、数カ月の戦闘ののち中国が台湾全域を占領することに成功する。

台湾有事に関しては、日本の笹川平和財団などを含めいろいろな研究機関でもシミュレーションが行われている。例えば、日本国際問題研究所では、台湾を武力で統一するという指示を与えられた「中国チーム」が作戦行動を取り、それに「アメリカチーム」と「日本チーム」が対応するという形でシミュレーションを行っている。

２０２２年に行われたシミュレーションの結果、いくつかの検討課題が浮かび上がっている。日本および台湾の士気を下げるために行われる情報戦・サイバー攻撃・認知戦への対処、中国による核の恫喝および非戦略核使用への有効な対処の検討、日米の統合防空ミサイル防衛の緊密な連携、フィリピン、オーストラリア、アメリカ、イギリスとの協力深化などである。

2023年のシミュレーションでは、台湾への大規模都市攻撃に対する抑止、台湾が降伏した場合の日米の対応、反撃能力の保有が中国による核使用につながらないようにするためのエスカレーション管理の再検討などが、検討課題として挙げられている。

中国のGDPがアメリカを凌駕する可能性はなくなった

最後に、中国経済の現状を簡単に紹介しておこう。

2035年に中国の名目GDP（国内総生産）はアメリカを上回り、世界一の経済大国になる。2年ほど前まではそうみられていた。しかし、それが不可能であることがわかった。中国経済は失速しているからである。

日本経済研究センターは「アジア経済中期予測」を発表している。2020年の予測では2029年に、2021年の予測では2033年に、それぞれ中国のGDPがアメリカを上回るとみられていた。しかし、2022年12月に行った中期予測では、2035年までに中国の名目GDPがアメリカを超えることはないことが明らかになった（次ページ図）。

中国経済は高度成長期を終えた。2023年の中国のGDP成長率は4・6％、アメリカのGDP成長率は6・3％だった。日本経済研究センターのレポートは、中国経済失速の原因として三つの要因を指摘している。一つは、習近平政権の政策によって経済に逆風が吹いたことである。アリババやテンセントなどのIT大手企業への締め付けである。次にゼロコロナ政策からの出口が見通せないことである。三つめは、アメリカとの関係であり、バイデン政権の半導体先端技術輸出規制が大きなマイナスの影響を与えている。

2036年以降も中国は成長鈍化が続く公算が大きい。国連の人口見通しによれば、中国の総人口は2021年をピークに減少に転じた。「一人っ子政策」に

アメリカと中国の名目GDPの比較

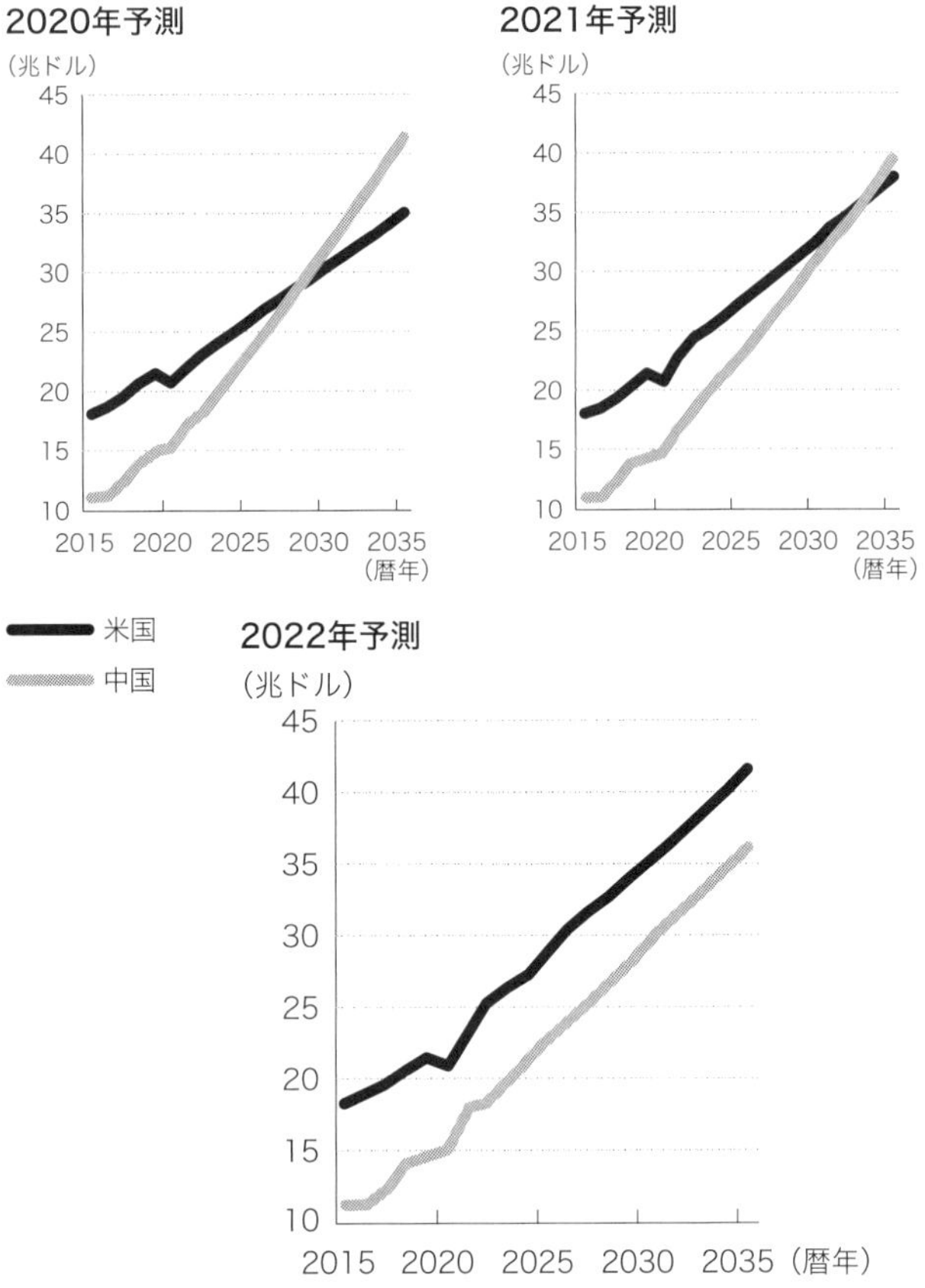

(注) ドル建て名目 GDP の推移
出典：日本経済研究センター「アジア経済中期予測」

よる少子化のゆえである。国民に占める高齢人口の割合は２０３５年には30％を超えるとみられている。さまざまなリスクを考慮した最悪のシナリオでは、中国のＧＤＰは２０３０年代には１％台の成長が定着するとみられている。

第5章

アメリカと日本

日本にとってアメリカは唯一の同盟国である。インド太平洋地域の安定のための協力、共同訓練等は確実に進展している。中国からアメリカへの輸出が減少し、日本からの輸出は増加した。トランプ氏はドル安を志向すると発言していることから、もしかしたらFRB（連邦準備制度理事会）に圧力をかけるリスクがあるため、為替レートに変化の可能性もある。共和党・民主党ともに保護主義に傾く傾向があり、自由貿易に頼る日本には試練となる。トランプ政権が再発足すると、日本側の首相による個人的な関係も問われることになる。

1　日本の安全保障を考える

日本の安全保障をアメリカに100パーセント任せることはできない

トランプ氏は、基本的に「状況対応型」である。しかし、大統領を1期務めているという経験は重いものがある。一方のハリス氏は、バイデン氏の基本路線を踏襲するだろうとされた。トランプ氏とのテレビ討論会で、元検事のハリス氏は、さまざまな各論について舌鋒鋭くトランプ氏を問い詰めた。しかし、自らは総論を語ることが多く、大統領になって具体的に何をしたいのか見えてこなかった。

今後の4年間に、アメリカ国内で、あるいは世界の国々で、何が起きるかは誰もわからない。しかし、いったん重大な事柄が起きた時に、ハリス氏では不安だと、アメリカ国民も思ったかも知れない。

トランプ政権が発足すれば、不確定要素は増すばかりである。そのような状況の中で日本の安全保障をアメリカに100パーセント任せることはできそうにない。とりわけトランプ氏の場合には厄介な問題が起きる可能性が高い。トランプ氏は、片務的な安全保障に不満を持っているからである。日米同盟のもとでも、トランプ氏はさまざまなカードを交渉材料とするだろう。防衛費用負担の問題や、アメリカ軍がどこまで守るのかという問題でさまざまな要求を突き付けてくる可能性は高い。日本は自国の安全保障戦略を考えなければならない。

日本の安全保障について、日本国内のコンセンサスを取りつつ、能動的にさまざまな役割を担わなくてはならない。日米協力が片務的になりすぎると、大統領のみならずアメリカ国民の不満をたきつけやすくなるからである。

日本製鉄によるUSスチール買収が暗礁に乗り上げた

ペンシルベニア州での大統領選挙戦が思いがけない方向に波及している。

実は、日本製鉄によるUSスチール買収の交渉が進んでいた。日本製鉄が約141億ドル（約2兆300億円）を出資してUSスチールを買収することに、双方の経営者や株主の合意が得られていたのである。それが、「大統領選挙」という暗礁に乗り上げてしまったのである。

USスチールは1901年創業のアメリカを代表する企業で、本社はペンシルベニア州ピッツバーグにある。トランプ氏は伝統あるアメリカの会社が日本の会社に買収されることには反対だと早々に宣言している。その時点で、民主党も買収反対の立場をとらざるを得なくなった。19人の選挙人を抱えるペンシルベニア州は、両陣営にとって是が非でも勝利したい州であり、ごくわずかかもしれない労働者票が勝敗を決することになるかもしれないと考えるのも無理はない。

追いかけるようにハリス候補も買収に反対の態度を表明した。さらに、バイデン大統領が買収阻止に向けて舵を切った。大統領は、外国からの対米投資を安全保障の観点から審査する権限を持つ。審査を行うのは対米外国投資委員会（The Commitee on Foreign Investment in the United States, CFIUS、シフィウス）で、財務長官を議長とする政府の省庁間組織である。CFIUSでの審査結果を得て、バイデン大統領は「安全保障」という大義を使い、日本製鉄によるUSスチール買収を阻止するとメディアに報じさせたのである。

アメリカの分断と日本社会への教訓

経済あるいは経営という側面で考えると、日本製鉄によるUSスチール買収はきわめて合理的判断である。日本製鉄による投資によって、経営危機に陥っているUSスチールは息を吹き返し、労働者の雇用は守れるかもしれない。実際、買収阻止でUSスチールの株価は下落した。過剰設備の廃棄や労働者の解雇に至るかもしれない。

日本製鉄のUSスチールの買収については、もし合意に至ることになれば、USスチールにとってはむしろ望ましい結果になるはずである。「買収」には、乗っ取られるというイメージが付きまとうが、今回のケースは、日本製鉄がUSスチールに対してお金を出すという話だからである。

USスチールの投資家や経営層も大歓迎している。この買収がまとまらなければ、中国の製鉄会社に負けて、倒産の危機に陥るかもしれないからである。日本製鉄も中国との競争に勝つために、USスチールと組むことを望んでいる。

周知のように、アメリカの労働組合は業界単位で組織されている。鉄鋼業界の労働組合は全米鉄鋼労働組合（USW）であり、一貫して計画に反対しているといわれている。しかし、日本製鉄による買収合意の直後に、USスチールの経営陣は組合側との交渉を行い、買収計画への理解を求めたといわれる。USWが頭から反対しているわけではないという指摘もある。

しかしながら、日本製鉄によるUSスチール買収の阻止は、後日、経済そっちのけで政治判断された事例として、世界の七不思議の一つに数えられるようになるという意見もある。しかし、「選挙」という側面から見ると、この決定は当然すぎるくらいかもしれない。大統領選挙では、激戦州での労働者票の奪い合いが何よりも優先されるからである。そのためには、同盟国である日本からの投資を安全保障の問題に置き換えることも辞さないということである。

大統領選で政治イシューになった

この問題は政治イシューになった。ペンシルベニア州などの激戦州では、イメージが先行する。買収によってUSスチールにどれだけのベネフィットがあるのかなどわからない。中国との競争で負けて倒産の危機に瀕しているといっても、長期的なデータ分析や論理的な理解ができない。日本に買収されるということだけで反発を感じる。そういう有権者を煽るために、トランプ氏は日本製鉄のＵＳスチール買収というグローバル化を利用したのである。

一方で、民主党は、激戦州でのトランプ氏の発言を無視するわけにはいかない。そこでバイデン氏は「自分も賛成しない」といい、ハリス氏も買収反対の立場をとった。そうせざるを得なかったというほうがいい。いわゆる「情報の非対称性」を利用して、トランプ氏が激戦州の票をかき集めようとしていたからである。

グローバル化をもたらす良い面と悪い面を整理するのは簡単なことではない。そこで、悪い面だけを強調して、その印象を人々の頭の中に刻み込む。そうすることによって、人々の賛同を得る。日本製鉄のＵＳスチール買収は、そのシンボリックなケースになっている。アメリカ側からみると、まさに政治的な動きであり、決して合理的な判断ではないということである。

ただし、一つだけ付け加えておくべきことがある。それは、トランプ氏は考え方をよく変えるということである。例えば、トランプ氏は、TikTok反対と言った後にTikTok大好きになっている。したがって大統領選挙終了後には別の判断を下す可能性もある。経済的利益に反応する可能性もゼロとは言い切れない。

2024年9月には、アメリカ政府が日本製鉄によるUSスチール買収計画についての審査を再び受け付けると発表した。審査期間は90日間延びることになり、大統領選後に可否が再発表されることになる。

日米安全保障条約の締結

日本はロシア、北朝鮮、中国に接近した立地にある。いずれも独裁国家である。日本にとってアメリカは唯一の同盟国である。日本を守るという確固たる条約を結んでいるのはアメリカだけである。日本の安全保障にとって、アメリカと組む以外の選択肢はない。

日本の周辺で安全保障上の緊急事態が発生した場合には、アメリカが本気で守るというコミットメントを引き出すことは重要である。日本の歴代の総理大臣は、アメリカ大統領が就任するたびに、「日米安全保障条約」第5条の履行の確約を求めている。

第二次大戦後、日本とアメリカは「安全保障条約」を2回締結している。1回目は、1952年（昭和27年）に発効した「日本国とアメリカ合衆国との間の安全保障条約」である。アメリカ軍駐留権に関する条約で、第1条には、「日本は国内へのアメリカ軍駐留の権利を与える。駐留アメリカ軍は極東アジアの安全に寄与する他、直接の武力侵攻や外国からの教唆などによる日本国内の内乱などに対しても援助を与えることができる」といったことが書かれている。

2回目は、1960年（昭和35年）1月19日に締結された「日本国とアメリカ合衆国との間の相互協力および安全保障条約」である。「日米新安全保障条約」あるいは「60年安保条約」などとも呼ばれる。当時、日本では「60年安保」をめぐって国論が二分され、「安保反対」の大規模デモが発生した。「安保闘争」と呼ばれる。

「日米新安全保障条約」第5条

「日米新安全保障条約」は、日米同盟の根幹を成す条約である。第5条には、次のように書かれている。

第5条　各締約国は、日本国の施政の下にある領域における、いずれか一方に対する武力攻撃が、自国の平和及び安全を危うくするものであることを認め、自国の憲法上の規定及び手続に従つて共通の危険に対処するように行動することを宣言する。

前記の武力攻撃及びその結果として執つたすべての措置は、国際連合憲章第五十一条の規定に従つて直ちに国際連合安全保障理事会に報告しなければならない。その措置は、安全保障理事会が国際の平和及び安全を回復し及び維持するために必要な措置を執ったときは、終止しなければならない。

日本国内あるいは米軍基地が攻撃された場合には、「各締約国」つまり「日本とアメリカ」が反撃するということである。オバマ政権以降、アメリカは日本の求めに対して第5条の履行を確約している。ただし、微妙な問題について、アメリカは曖昧なままにしている。

例えば、尖閣諸島について日本の「統治権限」は認めるとしているが、「領有権」を認めるとは明言していない。中国が強引に自国の領有であるとしているからである。アメリカは、いたずらに中国を刺激することを避けている、日本の統治権限を認めるということは、尖閣諸島が攻撃された場合にはアメリカは派兵することを意味する。

「日米新安全保障条約」第5条は、日本にとっては重要な条項である。中国からの攻撃を日本一国で守ることは難しい。アメリカは日本にとって大事な同盟国である。

ウクライナ戦争の教訓

戦争は決して起こしてはならない。戦争を止めることは難しいからである。では、どうすればいいか。相手国から攻撃されないようにすることである。

ウクライナから教訓を学ぶことができる。ウクライナは核兵器を放棄して、軍事的にはほぼ丸腰状態になった。1994年12月にハンガリーの首都ブダペストで開催されたOSCE（欧州安全保障協力機構）会議では「ブダペスト覚書」が交わされた。アメリカ・イギリス・ロシアの核保有3カ国が、ウクライナ・ベラルーシ・カザフスタンの独立と主権と既存の国境を尊重し、武力行使を控えることが明記された。しかし、署名国であるロシアは、2014年のクリミア半島併合で「ブダペスト覚書」を反故にし、2022年2月にウクライナに侵攻した。アメリカとイギリスはウクライナを守ることはできなかった。

丸腰になったウクライナは、NATOとの合同軍事演習などは行わなかった。アメリカは内向きになり、ヨーロッパも分断が進んで内向きになった。クリミア半島にロシアが侵攻した時に、ヨーロッパもアメリカも大きな動きを見せなかった。軍事的な準備ができていて、絶対に守ることができるというエビデンスがまったくなくなっていた。ロシアはその間隙を見逃さなかった。

ウクライナ戦争はいずれ終結を迎える。前述のように、その時ロシアはウクライナの中立国化を主張することになるだろう。しかし、それはウクライナの安全を意味しない。ロシアはウクライナの領有権を主張している。中立国になったウクライナはロシア領土に編入されるリスクを抱えることになる。

インド太平洋の安定のために

日本はアメリカと合同軍事演習を行っている。それは戦争を起こすためではなく、戦争を起こさないためである。自らの国をしっかり守って、隙がないことを相手国に見せつける。それによって、日本を攻撃する気持ちを起こさせないようにするのである。そのために同盟国が重要であることは言うまでもない。

インド太平洋の安定のためには、些細な紛争も起こさせないことが重要である。インド太平洋で紛争が起きると世界経済は混乱する。経済成長の坩堝はアジアだからである。

インド太平洋地域における二国間関係にとって「信用」は極めて重要である。例えば、フィリピンのボンボン・マルコス大統領は信用できる国という立ち位置になっている。しかし、ロドリゴ・ドゥテルテ前大統領時代は不安だった。経済や安全保障面で中国にすり寄っていたからである。韓国も信用できるという立ち位置にある。しかし、大統領が代わると外交政策も変わるので不安は残る。

アメリカ大統領はどう考えているか

アメリカにとって日本は最も信用できる国である。日本はアメリカの重要な同盟国である。経済力が低下しているとはいえ、日本は世界有数の経済大国である。そして、アジアで唯一のG7メンバーである。

インド太平洋地域に限って言えば、中国の軍事力がアメリカを圧倒している。中国はこの地域に軍事力を集中配備できるが、アメリカからは遠い。アメリカの軍事力は世界中に薄く広く引き伸ばされている。そのため、日本なしではインド太平洋で中国に対抗することには無理がある。

バイデン政権ではそれを100パーセント理解している。かつてトランプ政権内にいた専門家や高官たちも120パーセント理解していた。ただし、トランプ氏がそれをどこまで理解しているかは大きな不安が残る。アメリカの金銭的なメリットがどのくらいあるか、それがトランプ氏の判断材料だからである。その意味では、トランプ政権の誕生は日本にとっての安全保障上の懸案材料ということになる。

トランプ氏との個人的な関係の構築は「保険」

一国のトップの意向とその人との個人的な人間関係は、一般的には国際関係論の理論上の「抑止」の範疇には入らない。しかし、トランプ氏が大統領になった場合には例外と考えなくてはならない。状況対応型のトランプ氏が、その場その場で何を考えるのか、どのような行動をとるのか、わからないからである。

　個人的な信頼関係を構築し、情報が常に耳に入るようにしておかないと、トランプ氏の判断材料がわからない。意外な材料を持ち出して交渉してくるかもしれない。例えば、すでに紹介したように、行き過ぎた円安を食い止めるために日本政府は円買い「介入」をする。それはすなわち「ドル高」是正につながる。しかし、トランプ氏が「介入」をどういうふうに捉えるのかはわからない。

　トランプ氏は、普通は考えないようなことを、別の意味でカードに使うことがある。それが彼の戦略である。さらに奥深い戦術も働いたりする。トランプ氏の戦略を少しでも知るためには、トップ同士の個人的信頼関係を構築することが近道である。

　トランプ氏との個人的な関係を構築することは、何が起きるかわからないというリスクに対する「保険」である。そういう意味で、個人的関係の構築は、「抑止」を考える時の判断材料になり得るかもしれない。

トランプ・マジックはいつまで有効か

中国にしてもロシアにしても、トランプ氏の話のどこまでが真実なのかわかりかねている。時と場所によって言っていることが支離滅裂なことも多い。したがって何を信じていいのかわからなくなり、一抹の不安が常に残る。韓国も米兵を韓国から引き揚げるとまで言われて、大幅な軍事費増強を約束させられている。

トランプ氏はアメリカ国内でもいきなりとんでもないことを言い出す。それを海外のリーダーや政策担当者たちは注視している。例えば、アメリカとの間の国境の壁をメキシコ政府の予算で作らせると言って話題になった。最近では、移民問題についても一悶着あった。トランプ氏は不法移民を問題視している。そこで連邦議会で国境警備のための予算をつけて強化しようという法案が上院を通過した。ところが、下院ではわずかな票差で廃案になってしまった。その直前にトランプ氏が親しい議員に連絡して、その法案に反対をさせたのである。

そういった状況対応が優先し、本来の優先政策が疎外される判断をトランプ氏は当たり前のようにする。彼が一体何を考えているのかわからない場合もある。恥も外聞も、一貫性もまったく気にしていない。アメリカ国内のそういう動きも見ているので、海外のトップは、「トランプ氏は何をするかわからない」ということを常に頭の片隅に置いている。

トランプ氏の人の脅し方や注意のひきつけ方は独特である。彼は、前後脈絡がなくとも、その時々で良いと思うことを行う。他の国のリーダーは怖くて手を出せなくなる。本来の「抑止」とは、同盟国が一緒になって軍事演習をして、絶対に攻撃を許さないという信憑性をみせつけることである。それとは対極をなすような「抑止力」をトランプ氏は持っているのかもしれない。ここでは、それを「トランプ・マジック」の一環と呼ぼう。ただし、「トランプ・マジック」は期限つきの「抑止」であり、理論として成り立つものではなさそうだ。トランプ大統領の復帰が決まり、「トランプ・マジック」は、あと4年間は続くことが確定した。しかし、2期目を全うした後、トランプ氏の政権は終了すると考えられる。したがって、トランプ氏による「トランプ・マジック」はその時点で終わる。

2　アメリカの貿易政策と日本への影響

中国でのビジネスに注意信号がともる

中国が相対的に強くなったことがアメリカと中国の対立を生んでいる。経済的に強くなるということは軍事的にも強くなることを意味するからである。

不動産バブルが弾けて、中国経済は停滞している。習近平体制は強権の度合いを強めている。

２０２３年３月には、日本企業の駐在員の日本人男性が、北京で「反スパイ法」違反の容疑で拘束された。彼は、香港や北京で長期間の駐在を経験した中国ビジネスのスペシャリストといわれる。4年にわたる2度目の北京駐在を終え、帰国する直前に拘束された。2024年8月には、中国検察当局が日本人男性社員をスパイ罪で起訴した。

中国で働く日本人の間では安全への懸念が高まっている。2024年6月には、中国東部の蘇州市で、日本人の母子を刃物で狙った襲撃事件が起きた。母子を守ろうとした中国人女性が死亡した。9月には、広東省深圳の日本人学校の外で、日本人男児生徒が腹部を刺されて死亡した。

深圳は中国有数の経済都市で、進出する日本企業も多い。深圳日本商工会の会員企業数は372社にのぼる。この事件を受けて、パナソニックは、中国出向者と家族に対して、状況に応じた一時帰国（会社負担）や柔軟な勤務体制など、安全と健康最優先の対応を実施するとしている。

アメリカの対中国貿易の変化

世界のサプライチェーンは中国なしには成立し得ない状況になっている。しかし、その危うさに日本もアメリカも気づいた。そこでアメリカは、中国からの輸入に歯止めをかけた。その結果、モノの流れに変化が生じた。2023年の中国からの輸入額は4272億ドル（約63兆円）で、前年から約20％減少した。輸入全体に占める中国の割合は13・9％。ピークの2017年、2018年には21％前後を占めていた。2006年以降、アメリカへの最大輸出国だった中国は、トップの座をメキシコに明け渡した。ちなみに、メキシコはアメリカと貿易協定を結んでいる。輸入額は4・6％増の4756億ドルだった。3位カナダ、4位ドイツで、日本は5位だった。ただしメキシコや第三国経由の迂回輸出および生産拠点の移動という懸念は減る。

アメリカでは2022年8月に、「CHIPSおよび科学法（CHIPSプラス法）」が成立した。バイデン政権は、今後5年間で連邦政府機関の基礎研究費に約２０００億ドル（約27兆円）、国内の半導体製造能力の強化に約５２７億ドル（約７兆１０００億円）を充てることを決定した。半導体分野における中国との長期的な競争を見据えたものである。

先端半導体の分野では、脱中国の動きが進みつつある。例えば、韓国系企業のサムスンがテキサス州に先端ロジック半導体の製造施設を建設中であり、台湾系企業のＴＳＭＣがアリゾナ州で先端ロジック半導体の製造施設を建設している。アメリカ企業のインテルやマイクロンも、積極投資を継続している。

２０２２年10月に公表された対中半導体輸出規制は、中国の先端半導体施設に対する輸出規制を強化したほか、米国人の保守サービスへの関与を禁止した。半導体製造能力の強化や保守サービス規制は、経済安全保障面での強化を狙った政策である。

米中対立は日本にとっても懸念材料だが、その対立が激しくなると中国が日本に秋波を送る傾向もある。アジアで日本がリーダーシップを発揮し、中国を国際ルールに従うよう強く働きかける期待はますます高まるだろう。アメリカの混乱は試練であると同時に、日本の自立した役割の需要が世界で増していく局面になる。

トランプ流で考える円安・円高

日本とアメリカの貿易を考える場合には、為替レートが重要な要因になる。円安は対米輸出に有利に働き、円高は国内の製造業の業績に不利に働くからである。一方で一時は160円台まで円安が進み、日本の経済のファンダメンタルズが弱体化したという議論も行われていた。円安が進むと、輸入インフレが進むことになる。

今後、円安に進むのか、それとも円高に進むのか、誰にもわからない。日本企業にとって許容できる適正レートについても、110円から120円が望ましいという意見などさまざまである。2024年11月現在、円高が多少進んでいるものの150円台を推移している。円安の収束は見えてこない。このままずっと円安が続いてしまうかもしれない。

行き過ぎた「円安」を阻止するためには、円買いで対抗する。日本政府が外国為替市場でドルを売って円を買うのである。逆に、行き過ぎた「円高」阻止のためには、円を売ってドルを買うことになる。「為替介入」という。日本では、財務大臣の権限で為替介入を実施する。日本銀行が財務大臣の代理人として為替介入の実務を遂行している。

為替介入は他国から批判にさらされることもある。アメリカは今のところ、日本が円買い介入をしても問題視はしていない。しかし、トランプ政権が再び誕生する2025年には事情が変わるかもしれない。

日本は行き過ぎた「円安」を是正するために為替介入する。言い方を変えれば「ドル安」のための為替介入である。つまり、トランプ氏の思惑と合致しているはずである。ところが、トランプ氏は「介入」という言葉にこだわる。トランプ氏の判断基準は、論理的なものにはおかれていない。「交渉」でアメリカに利益をもたらすことがトランプ氏の目的だからである。どういうふうに動くかわからない。それがトランプ流であるとすれば、「介入」をカードにして、日本に難題を吹きかけてくることも十分にあり得るわけである。

インフレ要因を抱えるアメリカ

トランプ氏が中国に対して60%、他の国には20%の関税を課すと言っていることはすでに紹介した。ハリス氏はこれを「トランプ税」と言って批判した。仮にそれが実現すると、アメリカ国民が買う商品の値段が上がることになる。買わないという選択肢もあるが、必需品を買わないわけにはいかない。商品の値段が従来よりも高くなれば、インフレになる。相手国が高関税を嫌って、アメリカに商品を輸出しないということになれば、商品が少なくなる。需要に対して供給が少なくなれば、モノの値段は上がる。インフレにつながるということである。

インフレの要因はほかにもある。移民の制限である。移民制限が厳しくなれば、労働力不足を招き、インフレの原因になるかもしれない。また、トランプ氏による発言に基づけば、財政規律にゆるい民主党政権に負けずとも劣らない財政出動が予想される。さらに、トランプ減税（トランプ前大統領が2017年に導入した大規模な税制改革の一部）の延長を公約しているので、これは大きな財政赤字を招く。減税をすれば、その分だけ大きく税収が減るからである。関税率を上げることによって税収は増えるので相殺できるとトランプ氏は言う。しかし、それは関税率を上げても輸入量や金額が変わらないことが前提になる。人が商品を買わなくなれば景気は冷えるし、他国からの輸入品も増税で値上がりすれば、インフレになる。不景気になり税収が不足すれば、財政赤字国債を増やさざるを得ない。トランプ氏が主張するように低金利を優先すればやはりインフレ要因をかかえることにつながる。トランプ氏は「捕らぬ狸の皮算用」をしているように見える。

アメリカのインフレを輸出する？

日本にとってアメリカは重要な貿易相手国である。そこで、アメリカで起きたインフレは日本にも輸出されることになる。ウクライナ戦争の影響で石油など天然資源の価格が上がり、日本はすでに輸入インフレが起きている。相対的に見れば、物価はまだ安いが、アメリカ発のインフレが輸入されると、日本の物価はさらに上昇するかもしれない。注意が必要である。

トランプ氏は低金利とドル安を誘導するとも言っている。FRB（連邦準備制度理事会）のトップを入れ替えて、低金利でインフレを抑えて、ドル安に誘導するという。

アメリカの中央銀行は「連邦準備制度」（The Federal Reserve System）と呼ばれ、1913年の「連邦準備法」によって設立された。その最高意思決定機関がFRB（The Federal Reserve Board）である。理事7人の任期は14年。理事の中から議長と2人の副議長が選ばれる。FRBの下に12の地区連邦準備銀行（地区連銀）がある。中央銀行が行う金融政策決定に関する議論は、連邦公開市場委員会（FOMC）で行われる。FOMCでは7人の理事と5人の地区連銀総裁が投票権を持つ。

ここで重要なことは、ＦＲＢの理事は、大統領が「上院の助言と同意に基づいて」任命することである。つまり、ＦＲＢの人事には上院の承認が必要となる。連邦議会の上院で民主党と共和党のどちらが多数派を占めるかがポイントになる。

現在のＦＲＢ議長のジェローム・パウエル氏は中立派と言われている。任期は２０２６年５月まで。２０２４年７月には、ＦＲＢ議長としての任期を全うすると述べている。トランプ氏は、ＦＲＢの政策運営にかねて批判的だった。それが、「ＦＲＢのトップを入れ替えて」という発言につながっている。

3　民主党と共和党の入れ替わりが起きている

ハリス氏とトランプ氏の財政政策と貿易政策

大統領選挙では、ハリス氏もトランプ氏も財政政策の必要性を訴えていた。ただし、ハリス氏のほうが大型減税の継続や創設を謳うトランプ氏よりも、財政出動は少ないとされた。トランプ氏の政策のほうがアメリカの財政赤字増大につながるということである。

ちなみにハリス氏は2024年8月に、初めて住宅を所有する人に最大2万5000ドル（約370万円）を支給する政策を発表した。住宅費上昇を巡る有権者の不安を払拭することが目的で、家賃を2年間滞納せずに支払い続けた約100万人の初回住宅購入者が「頭金支援」の対象となる。総額250億ドル（3兆7000億円）の中間層のための政策だった。財政的には大きなインパクトを持つ。

貿易政策については、アメリカ全体のトレンドとして両党とも保護貿易に傾いていることは否めない。これは選挙事情なのかもしれない。そもそも保護貿易政策は民主党の政策だった。民主党の基盤は労働組合であり、労働者の協力を得なければ選挙戦で勝利することはできなかった。労働者のために、昔ながらの製造業がアメリカになければ困る、だから保護貿易だ。そう唱えてきたのが民主党で、共和党は自由貿易を優先し、それに反対の立場だった。

ラストベルトとアメリカ大統領選挙

ところが今、アメリカではさまざまな要素が入れ替わろうとしている。まさに過渡期なのである。

例えば、民主党支持だった労働者層が、トランプ支持に回っている。それはトランプ氏が2016年の大統領選挙で証明したことだった。イリノイ州、インディアナ州、ミシガン州、オハイオ州、ペンシルベニア州などは、「ラストベルト」（さびついた工業地帯）と呼ばれる。かつては潤っていた白人労働者たちが、経済成長やグローバル化の恩恵を受けることなく取り残された地域だからだ。この地域に住む人たちは、グローバル化はアメリカのためにならないと考えていた。今までの政治や官僚のあり方に不信感を持ち、民主党に対する不信感も募らせていた。

２０１６年の大統領選挙では、民主党のヒラリー・クリントン候補は当初、ラストベルトでの支持を集めていた。投票日直前の世論調査でも、ミシガン州、オハイオ州、ペンシルベニア州でトランプ氏をリードしていると伝えられていた。北米自由貿易協定（ＮＡＦＴＡ）や環太平洋パートナーシップ（ＴＰＰ）協定離脱などによってアメリカ国内の雇用回復を目指すトランプ氏の強硬な政策は奏功していないとみられていたのである。

しかし、選挙結果は逆だった。インディアナ州、ミシガン州、オハイオ州、ペンシルベニア州でトランプ氏が勝利したのである。民主党は戦略を間違ったといわれた。ラストベルトは民主党の地盤だったからだ。そこで、クリントン氏はラストベルトへの選挙活動にほとんど出向かなかった。戦略というよりも、変わりつつあるという認識がなかったというべきかもしれない。それを有権者は見透かしていた。そこにトランプ氏が登場し、彼らの票を獲得して、大統領選挙に勝利した。

２０２４年の大統領選挙でも、ラストベルトの一部が激戦州になった。

「チームスターズ」自主投票の波紋

2024年大統領選挙の行方を決めたかもしれない一例を紹介しよう。

アメリカの国際トラック運転手組合は「チームスターズ」と呼ばれる。1903年に設立された団体で、現在はアメリカとカナダの貨物自動車の運転手と倉庫作業員を中心に、幅広い業種の約130万人の組合員で構成されている。過去の大統領選では、リチャード・ニクソン大統領、ロナルド・レーガン大統領、ジョージ・H・W・ブッシュ大統領など共和党候補者を支持したこともある。しかし、最近ではオバマ氏、2016年の大統領選挙ではクリントン氏を支持している。

そのチームスターズが2024年9月に重大な発表を行った。今回の大統領選挙では、民主党のハリス氏、共和党のトランプ氏のいずれも支持しないことを表明した。組合員に自主投票を呼び掛けたのである。

ハリス氏側は、トランプ氏支持に回らなくてよかったと思っていたかもしれない。というのも、チームスターズのトップの人が共和党大会に来ていたからである。共和党大会での演説を私は目の前で実際に聞いた。労働組合のトップが共和党大会に来るのは異例なことである。チームスターズの130万人がトランプ氏に投票するという、ハリス氏にとって最悪のケースもあり得たのである。

2008年以降、チームスターズは民主党支持基盤の一つだった。労働組合は民主党支持でなければいけないと考えていた人たちが、民主党の中には少なくなかった。トランプ氏はそこにくさびを打ち込んだ。「ポリティカル・コレクトネス」のような形で綺麗事を言うのではない。彼らが普段話すのと同じような言葉を使って、政治不信と不満を解消すると語った。それが共和党の支持基盤を大きくしたのである。

日米関係と民主党・共和党

まさに過渡期が訪れている。かつて共和党は自由貿易を主張していた。日米関係において民主党よりも共和党のほうが、親和性が高かった。その共和党が変質して保護貿易を主張するようになっている。

安全保障の面では、かつての名残もあって、日本は共和党の人たちと話が合う。しかし、その常識もじわじわと変わりつつある。戦争や安全保障の問題では、常に強いリーダーシップを発揮してアメリカ国民の信頼を得たのは共和党だった。ところが、トランプ氏やトランプ支持の共和党議員たちは、ウクライナへの支援を行わないとまで言っている。

振り返れば2001年9月に起きた「同時多発テロ」以降、中東でのテロとの戦争でアメリカは疲弊した。そうこうしている間に中国が台頭した。世界の動きがアメリカ国内の動きを変え、共和党と民主党の立ち位置が変わった。そして今、入れ替わりが起ころうとしている。時代の変遷にすでに突入してしまったのである。

すでに述べたように、日本製鉄によるUSスチール買収に最初に反対を唱えたのは、共和党のトランプ氏だった。「共和党=自由貿易」という構図は完全に崩壊した。大統領選挙におけるペンシルベニア州の重要さ、グローバル化に取り残されてきた労働者の怒り、それをうまくとらえたのも、嗅覚鋭いトランプ氏だった。

トランプ党化する共和党

アメリカの私の元同僚で、共和党のブッシュ政権の要職についていた人がいる。彼は、反トランプの急先鋒のような人だった。その彼が先日、ニュースレターを送ってくれた。そこには、各州で共和党がトランプ党になっていることを示すデータが示されていた。

共和党のリーダーたちは、トランプ氏に好意を持っていなかった。2020年の大統領選挙でトランプ氏が落選してよかったと思っていた。ところが、2022年の中間選挙で当選した連邦議会議員のトランプ支持者たちが、議会でトランプ氏の考え方を反映する行動に出た。すでに紹介したように、国境問題に対処するための法案を潰したのはその一例である。大統領選挙の争点にするために残しておくというのが動機である。

支持層の入れ替わりが起きている

共和党は明らかに変質しつつある。

1961年に就任したジョン・F・ケネディ大統領の時に、民主党は変質した。それまでは南部諸州が民主党支持だった。当時は人種問題と公民権運動で、アメリカ国内が二分されていた。マーティン・ルーサー・キング牧師が暗殺され、不穏な時代だった。ケネディ大統領は公民権と人権問題に積極的に取り組んだ。黒人は民主党支持という状況が生まれた。ケネディ大統領は黒人票を集めることで都市部を民主党の基盤に変えたのである。一方の共和党はリンカーン大統領が奴隷解放を推進した党としてアメリカ北部が地盤だった。しかし民主党のケネディ氏とは逆に南部と中西部の白人保守層に支持を広げて「ディープサウスの赤化」とも呼ばれる現象が起こった。

当時は、南北戦争が再発するほどの状況ではなかった。しかし、黒人の不満はくすぶっていた。それから60年が経過して、逆の同じような状況が生まれている。

民主党は、不満を抱く人たちの声を吸収することができなくなっている。2016年の大統領選挙でヒラリー氏が敗れた頃から、それが徐々に顕在化し始めた。政党の支持層の入れ替わりが起こる時期に入りつつあるのではなかろうか。

4 変質するアメリカと日本の対応

力関係で決まったアメリカとの貿易

ここで、日本とアメリカの貿易関係に焦点を当ててみよう。

日本は基本的に自由貿易を主張する。ルールに基づいた自由貿易である。一方で、安全保障面で日本はアメリカに依存している。そのため、貿易面での日米関係は公平なものではなかった。

一例を挙げよう。例えば、バブル景気に沸く日本は飛ぶ鳥を落とす勢いだった。アメリカは双子の赤字に苦しんでいた。「双子の赤字」とは、財政赤字と貿易赤字が同時に起きていることである。当時のアメリカは失業率が高く、インフレも高かった。１９８９年のバブル絶頂期には、日本企業がニューヨークのロックフェラー・センターを買収した。ロックフェラー・センターはアメリカの象徴ともいえるビルである。アメリカの対日感情は悪化した。アメリカは貿易面で日本に対して無理難題を押し付けてきた。

アメリカとの貿易はルールに基づくものではなかった。いわば力関係で、日本は常にアメリカの言うことを聞かされてきたということである。

ルールに基づいた自由貿易とＷＴＯ中国加盟

その後、日本の貿易政策はＷＴＯ（世界貿易機関）を活用するように舵を切った。ＷＴＯは、１９９５年に設立された国際機関で、「ルールに基づく自由貿易」という理念を掲げている。貿易はＷＴＯでルールに基づいた交渉を行う。その中で日本はアメリカに対して物を申す。アメリカと1対1の交渉をしないで済むようになった。貿易と安全保障を切り離すことができるようになったのである。

ルールに基づく自由貿易は日本にとっては好都合だった。ヨーロッパも対アメリカ貿易に関しては賛成の立場だった。ところが2001年に中国がWTOに加盟して、事態は大きく変わった。中国が「発展途上国」というステータスを捨てることなくWTOに加盟したからである。

WTOに加盟している約4分の3は途上国である。しかし、WTO協定には途上国の定義はない。途上国かどうかは自己申告制である。途上国は、より有利な市場アクセスなどの優遇措置を享受できる。

WTOでは、アメリカを脅かすほどの経済力と軍事力を持つ中国が、途上国として優遇を受けている。もはやWTOは機能しなくなった。

ルールに基づいた自由貿易から「1対1の交渉」へ

嗅覚鋭いトランプ氏は、日本やヨーロッパに対して1対1での貿易交渉の圧力を強めた。安全保障面ではアメリカのほうが圧倒的に勝っているからである。

トランプ氏の論理は明快である。アメリカがずっと損をしてきた。その損を取り返すためにも、交渉は1対1でなければいけないということである。アメリカ国民もそういう思いが強い。その結果、ルールに基づいた自由貿易から「1対1の交渉」に変わる可能性が大きくなった。アメリカにとって都合の悪いところは保護貿易的にする。大統領権限で前述した232条や301条などを発動し、国益や安全保障に関わる貿易だとしては大統領が関税をかけたり、ストップをかけたりする。

基本的に大統領に認めた緊急的な権限を使って保護貿易を行う。それがすでに起きている。2024年の大統領選挙を通して、それがより鮮明になった。アメリカ社会からみると極めて自然なことでもある。さまざまなアジェンダで支持層や激戦州が入れ替わっているからである。

日本は保護貿易化するアメリカに対してどう対処すればいいのだろうか。きわめて難問であり、できることは限られている。他の友好国と協力し合いながら、アメリカをポリティカル・コレクトネスのほうに引っ張る努力をすることである。1対1の交渉では、アメリカに筋を曲げられてしまう可能性があるからである。

入れ替わりの要素がちらちら見えている

同じことは民主党政権でもいえる。例えば、日本製鉄のUSスチール買収にトランプ氏が待ったをかけたとたんにバイデン氏も反対した。それは、選挙で争点になることを避けるための措置だった。現在のアメリカの大統領選挙制度では、民主党と共和党はそれぞれ確実に選挙人を獲得できる州を持っている。その一方で、最後まで行方がわからない激戦州がある。その激戦州が大統領選挙の勝敗を決めるカギになっている。激戦州の一つであるペンシルベニア州の選挙人は19人。民主党も共和党も、そうした激戦州の労働者票獲得を目指している。

バイデン政権はウクライナを支援するといい、NATOで指導的立場に立つことを明言している。民主党は、日本との同盟を強化するといい、台湾を守るという。かつて民主党は平和主義で内向きあり、軍事的なことや国際的な協力は共和党の得意分野だった。それが今や、時に民主党と共和党の主張が入れ替わるようなことが起きている。

もちろん、民主党と共和党の主張がまったく入れ替わったわけではない。しかし、入れ替わり要素がちらちら見えている。時代は変化しつつある。

日本も変質していかなければならない

日本の政権はかつて共和党べったりだった。私も連邦議会の上院予算委員会の共和党側で10年奉職した。一方で、アメリカ国内では、マイノリティであるジャパニーズアメリカンは民主党支援の傾向が強い。リンカーン大統領の時代の共和党は奴隷制度を廃止し、都市部で強かった。ケネディ政権の時にそれがひっくり返って、マイノリティは民主党支援者になった。公民権を認めて、公平を期すように変質したからである。共和党は南部の昔ながらの州の保守派に変質した。そういう大転換が１９６０年代にあったことを忘れてはならない。

日本の国益を背負っている人たちはかつてはもっぱら共和党政権とウマがあった。日本の歴代の首相の多くは、共和党の大統領に親しみを感じていた。民主党の大統領は、安全保障はさほど重視せずに、人権を重視し、労働組合のための保護貿易を主張する。大統領だけではなくて、官僚も議員もその傾向が強かった。

ところが現在、状況が変化しつつある。政党は違えど、トランプ氏とハリス氏の立ち位置が似てきていたのだ。日本の与党も、かつてのように共和党頼りいっぺんとうではなく、両党の複雑な変化を見落とすことなく、様々な動きに歩調を合わせることができるように、進化していかなければならない。

終章　大統領選挙後のアメリカと日本

大統領選挙の動向

２０２４年の大統領選挙前、日本ではしばらくハリス候補優勢の報道がなされていた。アメリカの世論調査でもハリス氏優位という結果が出ていた。なぜか。それはアメリカの世論調査が、どちらかといえば民主党寄りになっているからである。調査会社は２０１６年の失敗を教訓に、統計的に補正を行っているが、それ自体も当たっているかわからない。トランプ支持者はマスコミや調査会社を嫌い、無回答や嘘を答える確率も高いといわれる。日本のメディアはその情報を仕入れて、ハリス氏優位と報じていた。

アメリカの世論調査の結果は日々変わる。例えば、激戦州の１５００人から２０００人の有権者にアンケート調査を行う。有権者が変われば調査結果も変わる。もう一つ問題がある。その世論調査に答えた人が必ずしも選挙で投票するわけではないということである。

アメリカでは、大統領選の前に各州の選挙管理当局で有権者登録手続きを行う必要がある。有権者登録をするときに、支持政党を選ぶことができる。支持政党を選択すると、大統領予備選挙でその政党の候補者に投票できるという制度の州が比較的に多い。

私の元同僚が大統領選の一カ月も前に興味深いデータを送ってくれた。有権者登録を共和党で行っている人が増えているというデータである。共和党で有権者登録を行った人は、トランプ候補に投票する傾向が強いと予想できた。

ハリス氏に逆風

大統領選挙では538人の選挙人の過半数（270人）を獲得した候補が大統領になる。投票用紙には大統領候補者の名前が書かれているが、実際には有権者は選挙人を選んでいる。各政党が選挙人を選ぶ。選挙人は必然的にその政党の候補者に投票することになる。

多くの州では、民主党支持か共和党支持かはほぼ決まっている。しかし、支持政党が拮抗していて選挙のたびに支持政党が変わる州もある。激戦州あるいはスイング・ステートと呼ばれる。2024年の大統領選挙では、ペンシルベニア州、ミシガン州、ノースカロライナ州、ジョージア州、アリゾナ州、ネバダ州などが激戦州といわれた。七つの州の選挙人数の合計は94人。各州の帰趨が、大統領選出のカギとなった。

激戦州の一つであるミシガン州では、2016年の大統領選挙でトランプ氏が勝利し、2020年の選挙でバイデン氏が勝利した。今回の選挙でも民主党が勝利するという前提になっていた。

そこでハリス氏は、ミシガン州で「人工妊娠中絶」問題で世論喚起をしようとした。女性有権者たちに最も危機感があり、民主党支持者たちの投票行動につながり易いアジェンダだからである。アリゾナ州の集会でも人工妊娠中絶問題で盛り上がったという。ところが、ミシガン州では、人工妊娠中絶問題が話題にならなかった。すでにグレッチェン・ホイットマー州知事がリーダーシップを発揮し、

2023年に人工妊娠中絶を合法化する法律が州議会を通っていたからである。ミシガン州では誰も人工妊娠中絶問題を心配しなくなっていた。そのためハリス氏の強みは発揮できなくなっていた。

ミシガン州はもう一つ大きな問題を抱えていた。それは、アラブ系アメリカ人の比率が全米トップだということだ。ミシガン州の選挙人数は15人。ハリス氏にとっては厳しい状況だった。

アメリカの混乱が世界の混乱を招く

アメリカの内政と外交が世界に与える影響はとてつもなく大きい。中東情勢は混迷の度を増している。イスラエルはレバノンに地上戦を仕掛けた。イランの石油施設や核施設を狙って攻撃するのは当面控えたが常に不測の不安がつきまとう。イスラエルのネタニヤフ首相は、トランプ政権の誕生を心待ちにしていただろう。アメリカのイスラエル全面支持を期待する思惑からである。

もしもイランとイスラエルとの間で交戦が起きれば、世界の秩序は大混乱に陥る。今のところ、イランは自制しているように見える。イランは核保有国になろうとしていると、アメリカの保守派は見ている。そこで、イスラエルによるイランの核施設攻撃を止める必要はないと保守派は唱えた。しかし民主党バイデン政権は核攻撃はとにかくやめさせようという考え方だった。バイデン政権は石油施設の攻撃のほうが、核施設攻撃よりもまだマシと考えたとも伝えられていた。状況はそれくらい切羽詰まっていたし、今も続いている。

かつて共和党は保守派で、民主党は進歩派だった。いま、変革を希望する人たちがトランプ氏を支えている。民主党政権は自分たちの苦境や問題をまったく吸いあげてくれない。そういう気持ちを持っている人たちがトランプ氏を支持に転じた。

トランプ政権と日本の対応

トランプ大統領の再登板が確定した。かつてトランプ政権の中にいた人たちの多くが、すでにトランプ氏の信頼を失っている。彼らが、2021年の連邦議会襲撃事件以降、反旗を翻してしまったからである。したがって、日本としては個別のアプローチも当然ながら、欧州、オーストラリア、韓国と可能な範囲で歩調を合わせることも視野に入れてトランプ政権に丁寧にアプローチしていく必要がある。

日本と欧州、オーストラリア、韓国が分断されるとトランプ政権の思う壺だろう。彼はそこをついて、アメリカ・ファーストの交渉力を高め、それぞれの国から最大限のものを得ようとする。同盟国はアメリカに甘え続けてきたので容赦はしないというスタンスになっても不思議ではないだろう。

トランプ氏が容赦しないのは、同盟国が憎いからではない。同盟国はアメリカの庇護の下で、今もアメリカの脛をかじり続けている。そういう状況が長く続き、アメリカは理不尽に損をしている。トランプ氏はそう認識しているからである。

ではどうすればいいのだろうか。同盟国がアメリカに頼ってきた側面があることは事実である。しかし、それはアメリカの利益でもあるということを、同盟国が一緒になって丁寧に説明していく必要がある。こちらが下手に出ないと、トランプ氏は話を聞こうとしない。したがって、同盟国と一緒になって戦略を立て、齟齬が出ないようにしていく必要がある。欧州やオーストラリア、韓国と日本が、それぞれ自分たちの言い分を優先してもらおうと競うと、言い分がバラバラになってしまう可能性がある。

ここで注意すべきなのは、決してトランプ氏率いるアメリカに対抗するという意味ではないということである。アメリカは、日本の重要な同盟国である。したがって、日本が今よりも自立した同盟国として、アメリカの手の届かない空白分野を、埋められるようになることが肝要である。例えば、日本が戦後長年かけて培った外交関係と信頼を生かして、アジアの国々をまとめるリーダーシップを発揮することも、その一つであろう。日本はアジアに位置する。この地域で民主主義を守りリードできると示せるならば、トランプ次期大統領にとっても有益なことに違いない。より対等な日米関係に向かうためにも、アジアにおける日本の役割と貢献は大きなカギを握ることになるだろう。

連邦議会の人脈づくりも重要なポイント

もう一つ重要なことがある。それは、今回の選挙での連邦議会の構成である。民主党と共和党のどちらが連邦議会上・下院の多数派を占めるのかによって政策は大幅に変わる。例えば、連邦議会は国防権限法で、ウクライナやパレスチナでのアメリカのスタンスと予算を決める。インド太平洋地域の防衛のためにアメリカはどれくらいの予算をつけて戦略を立てるのかを法律で決める。日本としては、政権だけではなくて、連邦議会もしっかり見ていく必要がある。

前駐日アメリカ大使のウィリアム・ハガティ氏は、２０２１年から連邦議会上院議員を務めている。共和党で、トランプ氏とも個人的に近い。彼はアジアの関係に深い関心を持っている。２０２４年８月には、当時の上川陽子外務大臣を表敬訪問している。そういう親日家たちとの連携を強化していくことである。

連邦議会上院には日本を理解しようとする議員も少なくない。フロリダ州選出のマルコ・ルビオ上院議員は2016年の予備選挙でトランプ氏に敗れた一人だが、今回の選挙ではトランプ氏に近いとして副大統領候補に名前が挙がっていた。ペンシルベニア州の上院議員選挙に出馬し民主党の現職を破って当選したデービッド・マコーミック氏も日本にとってはよい理解者になる可能性を秘めていると、私が2024年のジャクソンホールでの会議で一緒した時、そう感じた。

日本の外務省や防衛省も、さまざまなコネクションを持っている。トランプ政権が発足する前に、そのすべてを総動員して、省庁横断で人脈を共有しあうことが必要である。

トランプ政権は日本が大人になるきっかけ

アメリカ・ファーストを標榜するトランプ政権で、日本にとって難しい局面も多々出てくるかもしれない。それは、とりもなおさず、トランプ氏関係の人脈と連邦議会の人脈、そして同盟国同士の連携によるアメリカへの貢献が重要になってくることを意味している。

日本では、トランプ氏を恐れる声は多い。トランプ政権が誕生すると大変だという見方も少なくない。それは、ある意味ではそのとおりである。しかし、トランプ氏は非常にわかりやすいという面もある。政策もわかりやすいし、アメリカ・ファーストもわかりやすい。わかりやすいからこそ、アメリカ国民に支持されている。世界から見てもトランプ氏はわかりやすい。そうであるならば、日本も、そのわかりやすさを自立のきっかけにすればよい。

よちよち歩きの日本は、いきなり崖から落とされては大怪我をしてしまうという人もいるかもしれない。しかし、トランプ氏のようなわかりやすい人に崖から落とされて初めて大人に成長するということもある。日本が世界の中で厳しい茨の道を歩んで自立していく。トランプ政権はそのための大きなきっかけになるかもしれない。日本が大きく成長するために、苦い薬を飲まされる、そういう時代が来たということである。

消費大国アメリカと日本

日本にとって友好国かつ同盟国であるアメリカは、経済的にも頼りになる国である。日本から大量の製品を輸入しているからである。アメリカ人の消費意欲は高く、クレジットカードなどで借金しても物を買う。

アメリカ経済は順調に推移している。2024年9月の消費者物価指数は、対前年同月比2・4%の上昇だった。2024年のGDP成長率はプラス2・6%が見込まれている。当面、景気後退は見込まれていないが、11月の大統領・議会選挙の結果次第で経済にも大きな影響があるかもしれない。今のところ落ち着いているとはいえ、アメリカ人の旺盛な購買意欲と人手不足によって、インフレが再燃する恐れも指摘されている。

アメリカには消費大国としてのとてつもない力がある。これを外国の利益として吸い取られてはいけないというのがトランプ氏の言い分であり、それでもアメリカが、今後も大量の製品を輸入してくれるだろうことは間違いない。日本としては、その経済的な側面を大事にしていく必要がある。

日本に求められる経済的対応

経済的な日米関係に影を落としているのは米中対立である。日本はアメリカと中国とのビジネスを通して稼いでいる。日本企業が中国で生産した製品をアメリカに輸出して稼いできた側面もあった。アメリカでは共和党も民主党も、中国に対して厳しい姿勢を示している。世論調査でもアメリカ国民の中国に対する不信感が高まっていることはすでに紹介した。

習近平体制が続く限り、米中対立は収まりそうにない。日本企業も本格的に中国離れを模索すべき時期に来ている。インドやＡＳＥＡＮ諸国などに工場を移転する企業も増えている。サプライチェーンのシフトはすでに始まっている。中国頼みの時代は終わったのである。同時に日本は中国の隣国として友好の歴史が長い。米中対立の時であればこそ、直言する意義がある。スパイ防止法の見直しなど、国際社会のルールに基づく制度を取り入れるよう外交力を発揮すべき時代が来ている。

もう一つ重要なことがある。日本は資源国との関係を深化させていく必要があるということである。これは経済安全保障、そしてエネルギー安全保障という意味で重要になっている。例えば、オーストラリアもカナダもさまざまな鉱物資源を持つ重要な国である。これらの国々と、これまで以上に深い経済的・政治的な関係を築いていくことにも注力しなければいけない。

日韓関係とインド太平洋地域の安全保障

インド太平洋地域の安全保障は日本にとって死活的問題である。台湾、北朝鮮、尖閣諸島など問題は山積している。南シナ海は日本の交易にとって必要不可欠な海上ルートである。インド太平洋地域の安全保障を日本一国で確保することには無理がある。できる限り同盟国などとともに、「抑止」を高め、安全保障を確立していく必要がある。

韓国は、政権が代わると、いきなり反日になったりする。日韓関係のブレを大きくしないような政策が求められる。日韓関係を揺るがないものにしていくことが大事だということである。

バイデン政権も重々それを承知していた。2023年春には、日本の岸田文雄首相と韓国の尹錫悦大統領をキャンプ・デービッドに招いて3カ国サミットを開催し、覚書などを交わした。尹大統領は日本との関係が大事だと心から信じている。個人的にも日本に対してよい感触を経験上持っている。日本に対するバイアスはほとんどない。このような政治家は韓国の中でも稀な存在である。尹氏のような大統領は今後、二度と誕生しないかもしれない。

韓国の大統領の任期は5年。再選はない。次期大統領が誰になるのかはまったくわからない。ポスト尹大統領の韓国には心許ないところがある。彼の任期中に、日韓関係のブレが大きくならないような状況にしておくことが必要である。それがインド太平洋地域の安全保障にとって重要な意味を持つからである。

アメリカ人のメンタリティ

アメリカで起きたことは、その後日本でよく起きる。アメリカで銀行が破産したときに、日本からアメリカに留学していた財務省（大蔵省）の人は、日本では決してあり得ないことだと笑っていたが、その後日本で金融機関の倒産が相次いだ。ホームレスはアメリカのものだと思っていたが、日本にも多くのホームレスがいる。女性の権利やLGBTQなど、日本人にはふさわしくないといわれることが、日本でも定着しつつある。いずれ日本もアメリカと同じような経済格差に見舞われるかもしれない。

日本と比べてアメリカが違うのは、議論を尽くして、相手との違いがあるなかで徹底的に戦い、落としどころを探っていくプロセスが認知されていることである。自分が言うことが必ずしも認められないことはわかっていても、言いたいことは言うところがある。良いか悪いかは別として、言いたいことは言う。それがアメリカ的な文化なのかもしれない。日本とは違い、ヨーロッパとも違う。アメリカは、不思議なメンタリティを持った国なのである。

私のかつての上司でアメリカ上院議会予算委員会主席補佐官だったビル・ホーグランド氏は、「アメリカは行きつくところまで行って、ようやくみんな納得する」と言っていた。その「行きつくところ」がどこなのかは定かではない。しかし、アメリカ人はすべてを試してみて、ようやく納得する。大学の授業でも、それぞれが意見を言って、違う意見とは激論して、そのあとで落ち着いて、自分も納得する。自らの意見を言う前に頭の中でいろいろ考えて、対立を避けた上で落としどころを探ることの多い日本とは大違いである。

民主主義の実験国家アメリカ

行きつく先が「戦争」であってはならない。ベトナム戦争のように、撤退を政治的に決断することはなかなか難しいからである。ロシアのウクライナ侵攻について、バイデン民主党政権は第三次世界大戦を起こすことは避けたいと考えた。ウクライナの局地的な戦闘で済ませるためのウクライナ支援ともいわれた。

アメリカは民主主義の実験国である。建国以来約250年間、いまだに実験を続けている。時代はシンギュラリティを超えて、超ハイテク時代に入り、国際秩序が変わっていく過渡期に入った。ロシアは核戦争を脅しに使い、ウクライナやパレスチナの悲劇は続いている。そういう世界情勢の中でもアメリカは実験国家として、さまざまなことに挑戦し、自らの見解を恥ずかしげもなく口にし、論戦を戦わせる中で、解を見つけようとしている。

まずは忖度し、先の先を考えて、できるだけ議論の衝突が起こらないようにと考える日本とは、文化も思考形態も違うということを意識しておく必要がある。

おわりに

アメリカで近い将来、第二の南北戦争が起きるのではないかと懸念する人たちもいる。分断し、混乱しているアメリカは今後さらに分裂していくのだろうか。アメリカの分裂が起きることはないと私は考えている。しかし、アメリカの混乱はしばらく続くだろう。アメリカが落ち着いていくまでには時間がかかる。予備選挙を戦っていないハリス氏がなぜ負けたのかは、今後も議論と分析が続くだろう。トランプ氏が大統領に就任しても、反トランプの力はくすぶり続けるだろう。何をしでかすかわからないトランプ氏がアメリカを一つにまとめることは容易なことではない。

暗殺未遂事件後のトランプ氏は一時、人が変わったような表情を見せた。あの時に、トランプ氏がアメリカを一つにまとめると発言すれば、多くの人は信じたかもしれない。しかし、トランプ氏はその機会を逸してしまった。

アメリカはこれまで、大きな曲がり角に直面して、試行錯誤を重ねることによって、アメリカとは何か、という再定義が行われてきた。今後も、そうなる可能性が高い。

アメリカの近年の歴史を振り返ると、何人かのリーダーが思い浮かぶ。一人は民主党のJ・F・ケネディ大統領である。ケネディ大統領の時代のアメリカは人種問題で分断していた。ケネディ大統領は、黒人の公民権を認め推し通した。それがアメリカの選挙地図を変えた。もともとは民主党支持だった南部は共和党支持に変わり、北部と都会が民主党支持に変わった。

もう一人は共和党のロナルド・レーガン大統領である。レーガン大統領は民主党支持者からは必ずしも歓迎されなかったが、退任時には約63％の国民支持率だった。「アメリカの父」という雰囲気があった。根っからの保守だったレーガン大統領は、冷戦を終結に導いた。レーガン大統領は2期務め、副大統領だったブッシュ氏が次の大統領になった。共和党大統領が3期続いたのは異例のことだった。

これはまさにレーガン効果だった。レーガン大統領は共和党を立て直した。いわば、共和党再興の父である。私が議会で奉職していた10年間、共和党のカレンダーはいつも、1月から12月まですべてレーガン大統領の写真だった。

2016年の大統領選挙の時、トランプ氏はレーガン大統領が自分の理想であり、目標だと言っていた。それは共和党を支援する人たちにとっては、きわめて当然のことであり、あえて言う必要もないほど自然なことだった。

私の元上司のホーグランド氏は、「すべてを試してみないとアメリカ人はわからない」とよく言っていた。日本流に解釈すれば、「行きつくところまで行かないと目が覚めない」ということである。「行きつくところ」がどこなのか、今のところはっきりとしない。アメリカ国民の6割くらいの人が、「これがアメリカだ」という思いに至るのはいつになるのか、今のところ誰にもわからない。

本書は、2024年大統領選挙を間近に控えた9月から書き始めて、とりあえずの結果が判明した11月初旬に校了した。編集にあたっては、堀岡治男氏、富宗治氏、そしてマイナビ編集部の田島孝二氏にお世話になった。記して感謝したい。

参考文献

中林美恵子『トランプ大統領とアメリカ議会』日本評論社（2017年）
中林美恵子『沈みゆくアメリカ覇権——止まらぬ格差拡大と分断がもたらす政治』小学館新書（2020年）
竹中平蔵・中林美恵子『挑戦を受ける民主主義と資本主義——ショックセラピー2035』東京書籍（2022年）
中林美恵子『複合分断国家アメリカ——アメリカの今を知ることで、日本と世界が見える』東京書籍（2024年）
日本経済研究センターアジア経済中期予測班「中国成長率、2029年以降2％台に」（2023年）
森聡「アメリカの対外認識——2022年から2023年春にかけてのアメリカ世論の動向」日本国際問題研究所編『国際秩序の動揺と米国のグローバル・リーダーシップの行方』第4章（2023年）

松本はる香「台湾総統選挙後の中台関係と東アジアの安全保障」アジア経済研究所『ＩＤＥスクエア』（２０２４年）
松本佐保「人工妊娠中絶の権利を否定する判決と中間選挙にみるアメリカ社会、その国際政治への波紋」『国際問題』No.712（２０２３年）
早川和伸「トランプ２・０——対中関税率60％のアジアへの影響」アジア経済研究所（２０２４年）
Most People in 35 Countries Say China Has a Large Impact on Their National Economy
July 9, 2024 Pew Research Center
https://www.pewresearch.org/global/2024/07/09/views-of-china-and-xi-jinping/
The Fiscal Impact of the Harris and Trump Campaign Plans
Oct 7, 2024 US Budget Watch 2024
https://www.crfb.org/papers/fiscal-impact-harris-and-trump-campaign-plans

●著者プロフィール

中林 美恵子（なかばやし・みえこ）

埼玉県深谷市生まれ。大阪大学大学院国際公共政策研究科博士後期課程修了、博士（国際公共政策）。米国ワシントン州立大学大学院政治学部修士課程修了、修士（政治学）。米国在住14年間のうち、永住権を得て1992年にアメリカ連邦議会・上院予算委員会スタッフ（米連邦公務員）として正規採用され、約10年にわたり米国家予算編成に携わる。『日経ウーマン』誌の政治部門「1994年ウーマン・オブ・ザ・イヤー」受賞、1996年アトランタ・オリンピック聖火ランナー。2002年に帰国し、独立行政法人・経済産業研究所研究員、跡見学園女子大学准教授、米ジョンズ・ホプキンス大学客員スカラー、中国人民大学招聘教授、衆議院議員（2009～2012）などを経て、2013年より早稲田大学准教授、2017年より教授（社会科学総合学術院社会科学部および留学センター）。2024年よりWASEDA USA理事・所長を兼務。また笹川平和財団上席フェロー、東京財団常務理事、米国マンスフィールド財団名誉フェロー、グローバルビジネス学会会長なども務める。

マイナビ新書

混乱のアメリカと日本の未来

2024年11月30日　初版第1刷発行

著　者　中林美恵子
発行者　角竹輝紀
発行所　株式会社マイナビ出版
〒101-0003　東京都千代田区一ツ橋2-6-3　一ツ橋ビル2F
TEL 0480-38-6872（注文専用ダイヤル）
TEL 03-3556-2731（販売部）
TEL 03-3556-2738（編集部）
E-Mail pc-books@mynavi.jp（質問用）
URL https://book.mynavi.jp/

装幀　小口翔平＋村上佑佳（tobufune）
編集　堀岡治男
DTP　富宗治
印刷・製本　中央精版印刷株式会社

　ISBN978-4-8399-8788-6

Printed in Japan